U0918694

新三板
挂牌操作指南

张黎焱◎著

北京联合出版公司
Beijing United Publishing Co.,Ltd.

图书在版编目（CIP）数据

新三板挂牌操作指南 / 张黎焱著 . 一北京：北京联合出版公司，2016.3

ISBN 978-7-5502-6844-9

Ⅰ. ①新… Ⅱ. ①张… Ⅲ. ①中小企业－企业融资－研究－中国－指南 Ⅳ. ① F279.243-62

中国版本图书馆 CIP 数据核字（2015）第310530号

新三板挂牌操作指南
作　　者：张黎焱
选题策划：北京时代光华图书有限公司
责任编辑：夏应鹏
特约编辑：卢倩倩
封面设计：零创意文化
版式设计：曾　放

北京联合出版公司出版
（北京市西城区德外大街83号楼9层　100088）
北京雁林吉兆印刷有限公司印刷　新华书店经销
字数204千字　787毫米×1092毫米　1/16　17印张
2016年3月第1版　2016年3月第1次印刷
ISBN 978-7-5502-6844-9
定价：58.00元

目录

企业是否适合在新三板挂牌，需要企业家深刻认知新三板的特点和市场地位，并且结合企业自身的发展战略规划才能做出判断。只有这样，才能真正发挥在新三板挂牌的价值。

第一章
你的企业需要上新三板吗

第二章
新三板是一个怎样的资本市场

中小企业融资难、融资贵一直是长期困扰我国经济发展的问题。新三板的设立就是破解这一难题的有效路径之一。这是因为，新三板是目前我国唯一针对中小企业融资的全国性平台。

第三章
挂牌企业需要接触怎样的“朋友圈”

对于新三板这座蕴藏无限机会的“金矿”，无论是经营者，还是投资者，都在抢滩。要从中挖掘属于自己的宝藏，了解新三板的“朋友圈”是非常必要的。

第四章
挂牌新三板需要遵循哪些游戏规则

企业挂牌新三板，就要遵循新三板的游戏规则。这些游戏规则主要包括新三板交易制度、定向增发、股份转让及限售等。

第五章
挂牌新三板需要遵循哪些流程

企业挂牌新三板除了要做好前期准备，还要与主办券商、律师事务所、会计师事务所、资产评估机构等中介机构合作，完成尽职调查。最终经过监管机构审核，企业即可按照规定挂牌。

第六章
挂牌新三板后，企业还要关注什么

除了融资，通过股份制改造进行规范、改造企业股权结构、强化竞争能力、提升企业品牌、吸引更优秀的人才等也都是企业挂牌新三板实实在在的目标。企业挂牌新三板不仅要融资，更要整合优质资源。

CHAPTER

第一章

你的企业需要上新三板吗

- 什么样的企业需要上新三板
- 新三板欢迎什么样的企业
- 什么样的企业不适合新三板
- 挂牌新三板有哪些优势
- 挂牌新三板有哪些弊端
- 企业如何规范才能如期登陆新三板

企业是否适合在新三板挂牌，需要企业家深刻认知新三板的特点和市场地位，并且结合企业自身的发展战略规划才能做出判断。只有这样，才能真正发挥在新三板挂牌的价值。

自新三板扩容以来，很多企业都摩拳擦掌，准备在新三板一展身手，甚至连一些原本在IPO排队的企业也调转了目光。

与其他市场相比，新三板的准入门槛很低，但绝对不意味着没有门槛，也不意味着所有的企业都适合在新三板挂牌。企业是否适合在新三板挂牌，需要企业家深刻认知新三板的特点和市场地位，并且结合企业自身的发展战略规划才能做出判断。只有这样，才能真正发挥在新三板挂牌的价值。

在登陆新三板过程中，除了满足新三板规定的基本条件外，企业家还需要了解很多关键性的问题。比如，企业登陆新三板的优势、劣势各是什么；什么样的企业需要上新三板；新三板又欢迎哪些类型的企业；企业如何解决自身存在的痼疾，需要规避哪些障碍等。

什么样的企业需要上新三板

有强烈融资意愿的企业

不少中小企业都有强烈的融资意愿。这种意愿不仅是企业主观能动性的表现，也是企业挂牌新三板的动力所在。

融资难、融资贵几乎是所有中小企业在发展过程中都会遇到的问题，只是原因各不相同。有时候，是由于遇到资金周转的瓶颈；有时候，是由于遇到市场发展的瓶颈。

有着强烈融资诉求的企业在挂牌新三板后，可以通过定向发行股票、私募债、优先股、可转债等融资手段募资，实现规模化扩张，扩大市场份额。

经过初创期后，企业一般都会拥有一定的盈利能力，能够相对稳定地发展，并具有相当的市场地位。但是，此时的中小企业发展壮大的意愿比较急切。这一意愿集中表现为无论是面临市场机遇，还是想要扩张、实现战略转型，企业都充满着强烈的发展诉求和融资诉求。

有着强烈融资诉求的企业在挂牌新三板后，可以通过定向发行股票、私募债、优先股、可转债等融资手段募资，实现规模化扩张，扩大市场份额。同时，企业还可以在挂牌新三板的过程中，通过履行公众公司信息披露的义务来规范企业内部运作，从而促使企业进入规范运作，进入新的发展阶段。

东芯通信："三无"企业也可挂牌

东芯通信，全称为合肥东芯通信股份有限公司，由美国硅谷科技精英和国内民营资本联合发起成立。公司总部位于合肥，在北京、美国均设有研发中心。

东芯通信致力于新一代移动通信系统 LTE 终端基带芯片（准 4G 手机核心芯片，相当于电脑的 CPU）的研发、生产。该产品技术难度高，是束缚我国移动通信技术发展的瓶颈。为此，国家将其列入科技重大专项技术，并给予足够的支持。如果 4G 市场成熟，该技术就可以带动形成产值近千亿元的产业集群。

同其他企业相比，东芯通信（430670）堪称一家响当当的"三无"企业，即无盈利、无营业收入、无净资产。其公开转让说明书及 2013 年年报披露的数据就证明了这一点。企业 2011 年的营业收入为 10 万元，净利润为 -665.78 万元；2012 年的营业收入为 20 万元，净利润为 -1142.5 万元；2013 年的营业收入约为 10 万元，净利润为 -1381.11 万元。截至 2013 年年末，企业的净资产只有 200 多万元，平均每股净资产只有几分钱。

综上，我们可以得到的信息是：东芯通信连续三年亏损，其中连续两年亏损过千万元，而且三年里只有数额很小的营业收入。

这样一家有着惨淡成绩单的企业，如果在主板市场，一定会被退市。不过，就是这样一家“三无”企业，却在2014年3月成功挂牌新三板，而且在同年6月底成功发行了300万股股票，融资1200万元！

为什么“三无”企业还能成功融资1200万元呢？这是因为，东芯通信的亏损不是经营性亏损，而是研发性亏损。企业的主营产品4G终端基带芯片还处于研发阶段，资金消耗很大。而没有量产，也就没有收入。企业净资产低主要是研发费用的不断投入所致。

幸运的是，企业的大量研发投入已经形成了一批自主成果：核心技术获得了多项发明专利和软件著作权，10多项发明专利正在审核中。根据我国现行的会计准则，研发费用无法在账面价值上体现。所以，光从财务数据上看，企业的财务报表并不好看。但拥有众多专利技术却能在企业以后的发展中发挥重要作用。

在新三板挂牌，又成功融资，东芯通信不仅获得了资金支持，还令企业各方面变得更加规范。比如，信息披露更加透明，企业经营管理水平提高，企业形象提升，团队稳定性提高，企业凝聚力更强。

案例分析：

1. 中小企业融资难，初创期科技型企业融资更难

初创期是企业发展的关键时期，也是融资难度最大的时期。在初创期，企业很难从银行等传统渠道获得资金。即使是天使投资、风险投资等专业融资方式，也只能覆盖少部分企业。处于初创期的科技型企业，常会面临研发成果不确定、产品价值不确定、没有可抵押的固定资产、没有盈利等一系列问题……东芯通信就是一家典型的初创期科技型小企业。自成立以来，企业的周转资金主要依靠当初几个股东的投入，几乎没有其他资金来源。

2. 新三板吸引东芯通信挂牌的原因

过去，像东芯通信这样的“三无”企业，是不可能进入资本市场的。现在，一家没有销售收入、每年都有数额不小的亏损、净资产极低的企业也可以上新三板。在企业最需要钱的时候，新三板为其打开了一扇融资大门，及时提供了企业所需的资金，有力地支撑了企业的发展。这个案例为很多具有发展前景的科技型小企业提供了一个成功的范本，起到了很好的示范作用。

新三板的投资者并不是“人傻钱多”，他们大多数为机构投资者，比散户要更理性、更慎重。就东芯通信来说，企业连续三年亏损并不是经营性亏损，主要是研发费用不断投入所致。这样的科技创新型企业手握大量专利权，其未来值得期待。

通常情况下，企业在新三板的融资方式并不适合主板、中小板、创业板上市的企业。这是因为，无论是主板市场、中小板市场，还是创业板市场，都是以个人投资者为主体的市场。个人投资者在做出投资选择之前，既不可能像机构投资者一样可以去每一家公司进行调研，又不可能像机构投资者一样在获取比较对称的信息后再做出判断。

不过，如果新三板建立了“绿色转板通道”，允许没有盈利的互联网企业和高新技术企业在新三板挂牌一年后到创业板上市，将会为这些企业带来更大的福音。

受 IPO 政策限制暂时难以上市的企业

受现行 IPO 政策限制，不能在主板或创业板上市，但又希望借助资本市场的平台谋求进一步发展的企业，可以将目光转向新三板。

> 因为盈利指标不能在主板上市的互联网企业，由于其他指标不达标不能在主板上市的担保公司、城市商业银行、小额贷款公司、PE机构等，都可以在新三板挂牌。

新三板以其强大包容性，为一些进入发展期、具有较强盈利能力，但受到政策制约不能在主板上市的企业提供了一条新途径。比如，因为盈利指标不能在主板上市的互联网企业，由于其他指标不达标不能在主板上市的担保公司、城市商业银行、小额贷款公司、PE 机构等，都可以在新三板挂牌。

挂牌新三板可以帮助企业通过定向增发（以下简称“定增”）、发行债券等方式进行快速融资，还可以给企业的风险投资者提供一个新的退出渠道。

华图教育：首家在新三板挂牌的公考教育培训机构

2014 年 7 月 24 日，华图教育（即北京华图宏阳教育文化发展股份有限公司，证券简称华图宏阳，证券代码为 830858）在全国中小企业股份转让系统（俗称“新三板”）挂牌公开转让，正式登陆新三板，成为首家登陆国内资本市场的教育培训机构。

华图教育为华图宏阳旗下的子品牌。其创始人易定宏 2001 年来京创业，2003 年创办了北京华图宏阳教育文化发展有限公司（简称华图有限）。历经十余年的发展之后，华图宏阳下设华图教育、华图政信、华图教师等子品牌，以公职考试辅导、华图网校、职业教育为核心，是一家集教育培训、教研开发、教育服务、图书杂志音像出版发行于一体的大型综合性教育产业集团公司。现已拥有遍布全国的150家分公司、25家全资及控股子公司，拥有培训师近千人。企业拥有“华图教育”“华图”“华图政信”“优职”等29个注册商标，在国内人才培训市场具有较高的品牌知名度。

作为华图宏阳旗下的子品牌，华图教育也是国内公认的公职培训行业标准制定者和教育培训标杆机构。其主要产品包括国家和地方公务员招录考试辅导课程，还包括其他各类人才的招录培训，比如事业单位、大学生村官、选调生、政法干警等考试辅导。

为了促进企业进一步发展，华图教育决定开启IPO进程。为此，企业做出了一系列努力：

2009年，引入风险投资机构达晨创投。

2009年12月28日，华图有限召开股东会，同意由易智利、易定宏、达晨创投组成新的股东会；同意华图有限注册资本由200万元增至 2000 万元。

在新增注册资本中，易定宏和易智利代表企业全体内部股东增加投入1700万元，达晨创投作为新增股东投入2260万元（其中，作为注册资本投入100万元，占公司注册资本的5%，剩余2160万元归入资本公积金）。

2011年，企业增资扩股后，达晨创投持股比例为4.55%。

2011年10月，企业整体变更为股份有限公司。

……

截至2014年，华图教育的主营业务收入为11.55亿元，归母净利润为1.06亿元。企业主营业务构成为：面授（84.20%）、图书发行（11.52%）、网络培训（3.87%）、其他（0.41%）。

由于IPO又一次关闸，华图教育的IPO进程只能暂停①。随后，企业开始谋求在新三板挂牌。由于此前已按照IPO的要求进行规划，财务、管理体系健全，所以登陆新三板没有任何障碍。此外，挂牌新三板可以引起社会关注，获得品牌溢价。更要紧的是，即使IPO开闸，排队的时间也会特别长，而新三板挂牌速度快。

事实很快证明了这一点。华图教育挂牌新三板只用了不到3个月时间。另外，华图教育挂牌新三板，也令达晨创投在投资近5年后终于迎来退出的曙光。

在挂牌新三板之前，华图教育一直致力于冲击主板，为什么会转而选择新三板？这是否是退而求其次的选择？它未来还会不会从新三板转到主板？这是业界一直关注的话题。

案例分析：

1. 华图教育为什么选择新三板

早在2012年10月，华图教育就启动了IPO辅导备案，但一直没有实质性进展。由于华图教育主要经营公职人员招录培训业务，具有很强的专属性，所以通过搭建红筹架构②到美国上市这种"曲线上市"的方式并不适合。

华图教育选择新三板的主要原因有三：

一是申请期间遭遇主板IPO关闸。

---

① 两年多以后，2015年4月10日，华图教育实现了借壳上市。

② 红筹架构：也叫红筹模式，是指中国境内的公司（不包含港澳台）在境外设立离岸公司，然后将境内公司的资产注入或转移至境外公司，实现境外控股公司海外上市融资的目的。

从2012年11月到2014年1月一年多的时间里，主板处于IPO暂停期，几百家企业排队等待上市。即便重启之后，华图教育一时间也难以迅速实现IPO。

二是政策松动，但仍有不足之处。

之前，由于政策等方面的原因，教育培训公司多年来一直无缘A股，仅有一些教育产业的周边公司，如齐心文具、方直科技、天舟文化等，或者以家校互动业务为主的全通教育，在A股上市。

2013年，政策出现了松动。9月5日，国务院法制办公布《教育法律一揽子修订草案（征求意见稿）》向公众征求意见。此次修订草案取消了教育机构“不得以营利为目的”的表述。相应地，《民办教育促进法》也做了相关调整，即允许民办学校自主选择，登记为非营利性或者营利性法人。以上调整为教育培训公司上市或融资打开了一扇门。

借着这股政策的东风，2014年7月14日，新南洋并购昂立科技得到证监会批复，昂立科技成为第一家真正意义上登陆A股的培训公司。不过，昂立科技并非直接在A股上市，仍然采取的是“曲线上市”的方法。短期来看，A股市场对于教育企业来说恐难全面放开。

三是新三板拥有诸多利好。

这些利好令企业创始人更看好新三板的未来。当然，企业挂牌新三板也离不开创投机构的支持。

2. 华图教育是否会转板

挂牌新三板能解决企业的融资问题。新三板定向融资的灵活性与便利度是主板不能与之相比的。但新三板也有一定的局限，比如新三板交易不是特别活跃，市盈率较低，流动性较差。此外，在主板IPO无疑能获得更高的品牌溢价。

“最近一年半以来，新三板发展很快，如果未来确实发展不好，会考虑转板。对企业来说，怎么有利于经营、发展，怎么做。”“转与不转，看新三板的发展。如果发展得好，也没必要转。”易定宏说。

从这个角度看，华图教育在新三板挂牌，或许是退而求其次的选择。

未来2～3年有上市计划的企业

2013年12月，国务院颁布《关于全国中小企业股份转让系统有关问题的决定》，即大家经常提到的“国发〔2013〕49号文”。该决定明确指出，在全国中小企业股份转让系统（以下简称全国股份转让系统）挂牌的公司，达到股票上市条件的，可以直接向证券交易所申请上市交易。

在全国股份转让系统挂牌的公司，达到股票上市条件的，可以直接向证券交易所申请上市交易。

2014年3月末，证监会也明确表态，为避免因在审时间过长，给企业正常生产经营造成不必要的负面影响，鼓励企业通过新三板挂牌、境外上市等方式融资发展。

截至2014年5月底，IPO排队企业数已达666家，按每周主板和创业板各两家合计4家上会的审核速度测算，全部存量IPO企业审核完成需要144周，即需要2.76年，最快也需要等到2017年上半年。即使主板和创业板的上市条件都满足，申请企业依然需要较长时间的等待，并且还要一直保持预期的业绩成长。而企业一味等待，可能会丧失发展的契机，进而影响到企业的可持续发展。

时间可以证明一家企业是不是优秀的企业。企业先选择在新三板挂牌，并以公众公司的形象出现在公众面前，不仅可以提前规范公司治理、财务和业务等方面，还能将财务数据和经营状况更早披露在媒体与公众面前，提前消除媒体的负面关注度。这样有利于企业树立透明的公众公司形象，为将来成功上市做好铺垫，择机转板。

四维传媒：放弃创业板转投新三板的绿色印刷企业

四维传媒（430318），全称为上海四维文化传媒股份有限公司，主要服务于商业资讯及出版传媒领域，为客户提供数字内容制作及数字化绿色印刷等出版服务，属于新闻出版业中的数字出版业。它不仅率先在国内商业资讯领域建立了完整的数字出版服务体系，还是国内首批绿色印刷企业之一，被《福布斯》中文版评为“2012年福布斯中国最具潜力企业（非上市公司）”。

为了谋求企业的进一步发展，四维传媒开始寻求上市。

2012年3月底，四维传媒递交了创业板IPO申请资料，并于同年11月完成首轮意见反馈。原以为将很快进入IPO预披露环节，但被突如其来的IPO关闸（时间为2012年11月）打乱了节奏。创业板上市计划暂时搁浅。

随后，四维传媒开始寻求港交所上市。2013年年初，港交所人员考察四维传媒时曾表示，四维传媒有望最快于当年7月登陆港交所。

但是，四维传媒最终选择的是新三板。2013年10月16日，四维传媒登陆新三板，这个时间比新三板扩容还要早。

为什么四维传媒放弃了创业板IPO和港交所，最终选择了新三板呢？这背后少不了PE/VC们的支持。

早在2010年9月，四维传媒进行的首轮融资中，达晨创世、达晨盛世、罗曼投资、易津投资、卓平投资五家投资机构联合出资 470 万元。其中，达晨创世认缴 200 万元，达晨盛世认缴 174 万元，当时成本为 1 元 / 股。

2013 年 10 月 16 日，四维传媒挂牌新三板的同时发布了 4700 万元的定增案，由达晨系的 3 家创投基金完成了全部认购。其中，达晨创泰以 1710 万元认购了 251 万股，达晨创恒以 1680 万元认购了 247 万股，达晨创瑞以 1370 万元认购了 201 万股。此次定增认购的成本为 6.8 元 / 股。

至此，达晨系一共有 5 家创投基金持股四维传媒，合计持有 1509 万股，占比高达 29.03%，成为第二大一致行动人股东。

2014 年 7 月 17 日，四维传媒发起了在新三板挂牌之后的第二次定增，此次定增主要是为了做市商取得储备库存股而发行的。

2014 年 8 月 21 日，四维传媒发布公告，由协议转让方式变更为做市转让方式，成为第一批试水做市商制度的企业。

做市券商一共有 3 家，除了主办券商齐鲁证券外，还有东方证券和中信证券。其中，东方证券以 2400 万元认购了 300 万股，齐鲁证券和中信证券分别认购了 50 万股和 100 万股。券商和四维传媒最后商定的价格为 8 元 / 股。根据入股成本来看，达晨创投在此次退出的一部分股权中获得了不错的收益。

案例分析：

1. 四维传媒舍弃创业板，放弃港交所，转而投身新三板的原因

撤出 IPO 的原因：

创业板 IPO 牵扯了四维传媒大量的人力、物力和财力。遭遇

IPO关闸，排队时间过长，预披露时间过长，可能会泄露企业的关键技术。

放弃借道港交所的原因：

一是创投机构有顾虑。

国内创投机构不愿投资企业前往港交所IPO，根本原因是基于政策，有关部门不允许国内企业在港交所“流通”存量股份。这意味着国内人民币股权投资基金团队即使允许企业登陆港交所，也无法在港交所套现退出。

二是从企业角度来看，放弃港交所，也是为了在IPO重启之后回归创业板。

投身新三板的原因：

获得了创投机构的支持。

达晨创投投资总监就表示，新三板定增时，达晨创投有意继续投资。在具体实践中，创投机构能够同意企业撤离IPO，转投港交所或新三板，并非易事。后来的事实证明，达晨创投当时的选择是正确的。

2. 做市转让方式为PE/VC创造了新的退出通道

做市转让方式不仅可以给企业带来公允的市场价格，还为企业身后的创投机构提供了一条新的退出通道。券商要为企业做市，必须要获取该企业的一部分股权，而正是券商获取做市筹码这个过程为机构提供了新的退出方式。四维传媒的做市券商拿到的其中一部分做市筹码就是来自于达晨系原来持有的一部分股份。

类似的还有铜牛信息（430243）。2013年12月25日，北京高鸿投资管理中心通过全国股份转让系统以1.68元/股的价格买得了其员工所持的250万股。2014年8月14日，北京高鸿投资管理中心采用协议转让的方式，分别转让 85 万股、20 万股给银河证券、广州证券作为做市库存股。股票以 4.50 元 / 股的价格成交。按此价格来看，通过此次转让，高鸿就实现了 2.82 元 / 股的溢价。

而四维传媒 8 元 / 股的价格，也让达晨创投在此次退出部分股权时获得了很好的收益。

高新技术企业、互联网企业

高新技术企业、互联网企业具有一个共同特点，那就是在初创阶段不赚钱，在成长过程中伴随着高风险，缺少资金支持，很容易“夭折”。因此，融资就成为这类企业迫切需要解决的问题。如何才能解决好融资问题呢？这类企业可以通过新三板平台，以定向增资等方式持续募集企业发展所需的资金，为企业扩张源源不断“输血”，还可以吸引更多创投资金的进入，为企业的后续发展打下坚实的根基。

证监会指出：（转板预期）允许尚未盈利但符合一定条件的互联网企业和科技创新企业在全国股份转让系统挂牌满 12 个月后到创业板发行上市。

证监会指出：（转板预期）允许尚未盈利但符合一定条件的互联网企业和科技创新企业在全国股份转让系统挂牌满12个月后到创业板发行上市。

相关权威专家也指出，我国境内的 A 股估值总体来说高于境外估值。所以，互联网企业可以通过新三板挂牌在境内上市获得较高的估值，企业背后的投资机构也多了一个退出通道。

中搜网络：新三板市值最高的互联网企业

挂牌新三板以前，中搜网络是一家每年可以稳定盈利 4000 万元以上的优质互联网企业。

2013 年 11 月 8 日，中搜网络（430339）在新三板挂牌。

2014 年，中搜网络进行了两次共计约 3 亿元的股权融资。按照 2015 年 4 月 9 日收盘价计，中搜网络市值超过了 44 亿元，在百度几乎成为搜索代名词的时代，中搜网络以超高市值宣告成为当时新三板市值最高的互联网企业。

中搜网络，全称为北京中搜网络技术股份有限公司，成立于 2004 年，以第三代搜索引擎技术为核心，依托自主开发的移动客户端中搜搜悦和中搜移动云服务平台，为个人用户和企业客户提供移动互联网个性化信息服务与企业移动互联网解决方案服务，是一家“术业有专攻”的企业。

自成立以来，企业致力于自主研发和创新，已逐渐成为国内领先的搜索服务和技术应用提供商，其搜索引擎服务先后被新浪、网易、搜狐等国内各大网站采用。

中搜网络用其独特的商业模式和经营之道，用接近 2 亿元的年营业收入宣示着自己的存在。

尽管中搜网络业绩辉煌，但其上市之路却异常坎坷。由于当时的政策限制，企业创立后不久，为了实现境外上市，即搭建了红筹架构，在开曼群岛设立了 China Search Inc.（CSI），以 CSI 控股国内的中外合资企业中搜软件（即北京中搜在线软件有限公司），并通过中搜软件协议控制中搜有限（即北京中搜网络技术有限公司）和中搜信息（即北京中搜在线信息技术有限公司）。

2009年，中搜网络CEO陈沛做出一个重大的决定：拆除红筹架构，放弃境外上市，回归国内创业板。

为此，2011年8月，中搜网络整体改制为股份有限公司。为满足国内IPO条件，中搜网络做出了一系列努力：在2011—2013年做到了连续三年盈利，且增长率超过30%，亮出了一份漂亮的成绩单！这对于互联网企业而言并不是一件容易的事。

遗憾的是，正在中搜网络准备递交上市申请时，IPO第8次暂停。

对于一家持续处于资金饥渴状态的互联网企业，如果苦等排队，上市之路遥遥无期，时间成本就会成为难以承受之重。

2013年年中，负责中搜网络上市的保荐券商——中信建投证券建议陈沛将企业发展计划由创业板上市改为新三板挂牌。

在新三板成功挂牌后，中搜网络受到了热捧。2014年全年成交额高达3.56亿元，名列新三板第三名，股价连续翻番，市值更超过了44亿元。2014年5月，成功定增融资1亿元；同年11月，又定增2.2亿元，认购金额高达7.28亿元。

陈沛这样说："如果不上新三板，而是苦等创业板，那就意味着中搜还被绑架在财务报表上。为了财务指标，我们必须要放弃战略目标。为了目前的盈利，你要一直在老路上奔跑，不能转型。如果上新三板，这个问题就迎刃而解，因为没有严苛的盈利指标考核在逼你。"

中搜网络成了中小型互联网企业的一个样板。一直在国外资本市场挣扎的同类企业，可以借鉴中搜网络的经验，在新三板找到自己的发展之路。

案例分析：

IPO关闸，将众多企业挡在了国内A股市场之外。中搜网络面临的抉择是：要么苦等创业板，要么选择新三板。苦等创业板，意味着企业会一直被绑架在财务报表上；如果上新三板，这个问题就迎刃而解。

随着新三板扩容开闸，企业排队的现象也会出现，企业登陆新三板的成本会越来越高，企业能够拿到的政府补贴也会越来越少。从先试的角度上说，中搜网络是政策的受益者。

寻求并购和被并购机会的企业

一家企业如果只靠自身的内部扩张来实现可持续发展，其速度是非常缓慢的。很多大型企业都是通过某种程度、某种形式的兼并成长起来的。即便是世界500强辈出的美国企业也不例外。可以说，美国企业发展的历史就是一部企业并购史。

随着国内经济的发展和产业的升级转型，上市公司的多元化发展，规模化效应的展现，并购基金的兴起，中国也进入了并购时代，兼并收购和产业整合的浪潮已经不可避免。

新三板将成为中国版纳斯达克，成为创业、创新的数据库，成为上市公司、并购基金的“狩猎之地”。

企业除了通过内涵式发展增强自身的市场竞争力外，还可以通过外延式扩张——并购重组实现扩张。挂牌新三板后，企业在公司治理结构、财务规范方面均会有极大的提升，胜过不少未进行规范的企业。这样一来，挂牌企业在之后的并购重组中耗费的成本也会低很多。从另一个角度讲，一些中小微企业在资金、技术、人才引进面临瓶颈的情况下也有了新的去路，比如被并购。

美诺华入主燎原药业：资本并购在新三板市场初显威力

在新三板市场逐渐火爆引人瞩目的同时，资本的威力也渐露端倪。

从 2014 年 9 月到 2015 年 3 月，仅仅半年时间，新三板市场就发生了 12 起企业控制权变更案。在新三板众多并购案例中，要数 IPO 排队企业美诺华战略入股新三板挂牌企业燎原药业，形成多方共同控制企业局面这一案例最为特殊。

美诺华全称宁波美诺华药业股份有限公司，其官网资料显示：该企业成立于 2004 年，拥有注册资金 9000 万元，是一家集医药中间体及特色原料药的开发、生产与销售于一体的制药企业，其药品种类主要涉及心血管、肠胃类药物和中枢神经类药物等。

2011 年年底，美诺华完成股份制改造。2014 年 11 月 28 日，美诺华向证监会递交了首次公开发行股票的招股说明书，并在证监会官网进行预披露，拟在上海证券交易所首次公开发行股份不超过 3000 万股，发行后总股本不超过 1.2 亿股。

燎原药业全称浙江燎原药业有限公司，是一家坐落于浙江省化学原料药生产基地——临海化工园区的药业企业，其主营业务为心血管类和抗抑郁及精神类原料药和医药中间体的研发、生产和销售，其生产的中医药中间体 2- 噻吩乙醇、2- 噻吩乙胺在国际市场上产量最大。

2014 年 11 月 6 日，燎原药业(831271)挂牌新三板。

2015 年 2 月 26 日，燎原药业同时发布股票发行方案和收购报告书，将通过定向发行股份的形式引入美诺华作为战略投资者。该定增方案显示：拟以8元/股的价格向宁波美诺华药业股份有限公司定增810.96万股股票，募资6487.70万元用于扩产和补充流动资金。

此次发行后，美诺华持股比例为28.85%，将成为燎原药业第一大股东（非控股股东），其股份在定增完成后12个月内不得转让。而原第一大股东屠雄飞及其子女（屠锡淙、屠瑛）持股比例合计为44.66%。在9个董事会席位中，美诺华拥有4个董事人选提名权。同时，燎原药业总经理、常务副总经理、财务负责人人选将均由美诺华提名，经燎原药业董事会审议并聘任。

自此，燎原药业将成为一家由多方共同控制的新三板挂牌企业。

案例分析：

1. 美诺华入股燎原药业的主要原因

一是美诺华净利润下滑，IPO之路不容乐观。

财务指标是IPO最受市场关注的指标。虽然主板市场对增长性要求并不高，但利润持续下滑，肯定会影响企业的申请。

依据美诺华招股说明书的披露：美诺华2011—2013年度净利润分别为7871.49万元、6435.79万元和7366.39万元。与2011年相比，企业净利润在2012年和2013年均出现不同程度的下滑。并且，美诺华的母公司、控股股东美诺华控股（即宁波美诺华控股有限公司）在2014年上半年出现净利润亏损，亏损额度为290.47万元。

这些并不乐观的财务数据为美诺华的IPO之路蒙上了一层阴影。

二是美诺华过分依赖单一客户。

目前，美诺华的年销售收入在5亿元左右，美诺华对前五大客户的营业收入合计占当期营业收入的89%左右。其中，斯洛文尼亚最大的制药公司 KRKA 是美诺华最大的客户，约占美诺华销售收入的七成。对单一客户的严重依赖，意味着企业经营缺乏自主性，抗风险能力差。这也意味着，企业进入 IPO 进程后，会承担更大的风险。出于对自身所要承担风险的合理规避，入主新三板挂牌企业也是一个不错的选择。

2. 横向并购带来了协同效应

美诺华和燎原药业同属医药行业，二者的主要产品和经营范围类似。美诺华入股燎原药业，属于典型的横向战略并购。正在 IPO 排队的美诺华选择投资燎原药业显然有自己的考虑。虽然没有获得控股权，无法实现财务并表，但燎原药业在业务层面与美诺华协同效应明显，投资燎原药业显然可以帮助美诺华实现业务的有力扩张。

此外，在新三板的挂牌企业中，从事医药行业的企业有 80 家之多，其中大部分与燎原药业和美诺华一样，属于从事新技术研发和应用且尚处于早期发展阶段的企业。所以，这些早期企业很容易成为主板市场或者新三板中一些较成熟或已有业绩体现的企业并购的对象。二者可以通过资本纽带搭建起跨市场合作的桥梁。与此同时，资本的力量也可以逐渐发挥出来。

拟进行股权激励的企业

21 世纪最贵的是什么？人才！这是电影《天下无贼》里面的一句台词。事实也确实如此。就目前来看，一家企业如果没有人才，就很难再上一层楼。即便想保住目前的地位，没有人才相助也是寸步难行。因此，无论是上市公司，还是非上市公司，都想尽办法留住人才。而企业留住人才的最好办法就是让人才与企业风雨同舟，同甘共苦。

股权激励就是让人才与企业风雨同舟最有效的方法之一。股权激励可以让员工分享企业成长带来的未来收益，帮助员工实现自身价值。

不过，只有企业上市或者挂牌新三板，员工持有的股权价值才能得到客观体现，才能够变现。对于那些重视人才、实施股权激励的企业来说，上市还是不上市，上新三板还是不上新三板，效果显然是不一样的。当然，即便要在新三板挂牌，也需要谨慎权衡。

联讯证券：进行全员股权激励的新三板挂牌企业

新三板挂牌企业实行股权激励并不罕见，但像联讯证券这样针对全体员工进行股权激励的，还是比较少见的。

联讯证券成立较早，前身为惠州证券。作为区域性小型券商，联讯证券自成立之初便一直饱受资本问题的困扰。不过，能够历经 28 年发展历程存活至今，主要是受益于在困难时期多次灵活调整发展策略。自登陆新三板以来，联讯证券动作频频，连续两次定增方案均超过 10 亿元，而此次的员工持股计划也正是第二次 30 亿元定增方案中的一部分。

2015 年 1 月 23 日，联讯证券（830899）公告了第一期员工持股计划（草案），对象为截至 2014 年 12 月 31 日公司全体在册正式员工，包括公司董事、监事、高级管理人员和其他员工。此次员工持股计划以份作为认购单位，每份的认购价格为人民币 1 元，员工持股计划份额合计不超过 8345.36 万份，资金总额不超过 8345.36 万元，全部份额对应标的股票总数不超过 5716 万股，占公司现有股本总额不超过 4.71%。参加员工持股计划的员工总人数不超过 1025 人，其中公司董事、监事和高级管理人员认购份额占员工持股计划总份额的初始比例不超过25.37%。联讯证券的董事长徐刚认购5.25%，副董事长吕广伟、总裁李翊均认购3.5%，余下副总裁级别的高管每人认购1.75%。

此次股权激励计划的另外一个亮点是委托中信信诚资产管理有限公司（简称“中信信诚”）进行管理，全额认购中信信诚设立的中信信诚联讯启航1号专项资产管理计划（简称“启航1号资管计划”）的次级份额。启航1号资管计划份额上限为21250万份，资金总额不超过21250万元，按照1:1.5的比例设立次级份额和优先级份额。启航1号资管计划主要投资于本企业在全国股份转让系统定向发行的股票及银行存款和货币基金等低风险高流动性现金管理工具。启航1号资管计划所获标的股票的锁定期为12个月，本员工持股计划的存续期为24个月。

联讯证券在新三板的全员持股计划实现了员工的持股梦。

案例分析：

1. 联讯证券开创新三板挂牌企业全员股权激励的先河

在联讯证券此次股权激励计划之前，券商的股权激励计划都只在其基金子公司或资管子公司实施。据不完全统计，全国范围内共有包括中欧基金、易方达基金、财通资产管理（财通基金旗下）、国泰元鑫资产管理（国泰基金旗下）等在内的13家基金子公司/资管子公司实施了股权激励。

2. 借道资管计划、成功规避从业人员的持股限制

股权激励的常规持股方式有员工直接持股和建立持股平台间接持股两种。

《证券法》规定：“证券交易所、证券公司和证券登记结算机构的从业人员、证券监督管理机构的工作人员，以及法律、行政法规禁止参与股票交易的其他人员，在任期或者法定限期内，不得直接或者以化名、借他人名义持有、买卖股票，也不得收受他人赠送的股票。”

因此，直接持股方式并不可行。而持股平台又涉及新公司的注册设立，程序相对较复杂。

联讯证券借道资管计划绕开了《证券法》对从业人员的持股限制，实现了所持股份的市场化投资运作。

3. 股权激励更适合新一代员工的追求

高新技术企业和新兴业态企业是新三板挂牌企业的主力军。采取股权激励的方式比传统方式更加符合新一代员工的追求。当然，股权激励的主体是管理层和核心员工。至于其他员工，往往需要达到一定的级别和业绩要求，才能得到一定的股票期权或者限制性股票。目前，将传统奖金等实物激励方式改为股权激励方式，已经成为一种趋势。

据《21世纪经济报道》从相关权威企业处了解到，新三板挂牌企业进行股权激励一般分为挂牌前和挂牌后两种。其中，挂牌前的股权激励主要通过股权转让或增资入股等方式来实现，经企业内部确认后由当地工商局核准即可，挂牌后的股权激励则主要通过定增的形式进行。

当A股上市公司还在尝试员工持股计划的时候，新三板挂牌企业已大刀阔斧开始全员激励了。这也再次凸显了新三板得天独厚的制度红利。未来，新三板将继续扮演改革试验田的角色，将会有更多创新之举在新三板出现。

具有强势品牌效应的企业

对于那些比较依赖于品牌的消费类企业，登陆新三板之后带来的品牌效应，与在各大卫视做广告引发的品牌效应有一拼。随着新三板扩容的实现，挂牌企业越来越多，这种品牌效应也越来越明显。

嘉达早教：借新三板做免费广告的品牌企业

我国实行独生子女制度多年，大部分家庭都不希望孩子输在起跑线上，在子女教育方面的支出都是毫不吝啬的。据不完全统计,2015年中国城镇家庭在早期教育方面的总支出约为3476亿元。2016年1月1日，我国开始全面实施“二孩政策”。这一政策的实施预计将使我国人口每年增加300万—800万。届时，早教市场的需求量会更大。

嘉达早教，全称为广东嘉达早教科技股份有限公司，成立于1992年，2001年成为有限公司，2008年股份制改造后成为股份有限公司，法定代表人陈树佳，注册资本6000万元。

企业属于文教、工美、体育、娱乐用品制造业，其主营业务为生产、加工、销售儿童早期教育产品等。该企业还以早教理论为基础，形成了“早教理论应用研究＋早教产品开发＋早教服务”三位一体的商业模式。作为新三板挂牌企业中为数不多的儿童教育企业之一，嘉达早教吸引着众多投资者的目光。

嘉达早教一直以来都很注重品牌的打造，始终坚持品牌化运作，通过直销及加盟等多种形式在全国引导扶持代理商自建嘉达品牌形象店或专属柜台，还入驻包括京东、天猫等电商平台，以及超市连锁、百货商场、母婴店连锁、批发市场、新华书店等在内的诸多渠道，拥有近3000个终端。

2014年上半年，嘉达早教与湖南卫视知名栏目《爸爸去哪儿》达成战略合作协议，获得了《爸爸去哪儿》授权的独家使用其节目形象权及动漫版的视频播放权，实现了搭载热门亲子综艺节目、扩大知名度的目标。

2014年1月，嘉达早教（430518）在新三板挂牌，主办券商为申银万国。2014年12月转为做市交易，做市商有申银万国、国泰君安、光大证券及东方证券等。该企业挂牌以来，进行过一次定增，发行350万股，融资2310万元，发行对象为前述做市商。

案例分析：

新三板是一个非常好的宣传平台，起到了给企业免费打广告的作用。很多走品牌路线的企业挂牌新三板的主要目的就是想借助这一平台，扩大企业及产品的影响力，增强企业的品牌效应。嘉达早教就是如此。该企业2014年1月登陆新三板之后，即在同年上半年获得了与知名栏目《爸爸去哪儿》合作的机会，就是对新三板这种“免费广告”的明证之一。

新三板欢迎什么样的企业

新三板欢迎的行业

国家鼓励推荐的行业包括：符合国家战略性新兴产业方向的行业，新能源、新材料，信息技术，生物与新医药，节能环保、航空航天，海洋、先进制造，高新技术服务。

> 国家鼓励推荐的行业包括：符合国家战略性新兴产业方向的行业，新能源、新材料，信息技术，生物与新医药，节能环保、航空航天，海洋、先进制造等，高新技术服务等。

国家鼓励推荐的行业包括：符合国家战略性新兴产业方向的行业，新能源、新材料，信息技术，生物与新医药，节能环保、航空航天，海洋、先进制造等，高新技术服务等。

目前，要想在主板、中小板或创业板上市，有些行业还是受限的。新三板也是如此。也许你会对此心存疑虑，新三板对挂牌企业不是没有任何行业上的限制吗？确实如此。不仅如此，很多隶属于无法在主板或创业板上市的行业的企业已经取得了突破，在新三板上实现了挂牌。新三板作为一个专门为中小企业量身打造的融资平台，欢迎任何行业的企业挂牌。

事实上，尽管新三板对于挂牌企业并没有行业限制，传统行业的中小企业，比如传统制造企业、施工企业等，在主办券商进行挂牌推荐的时候，还是会被仔细斟酌的。如果该企业资产规模较大，具有持续经营能力，且有挂牌需求的是可以考虑的，但考虑的标准需要由主办券商来进行考量。

新三板欢迎的企业

属于国家鼓励发展行业的企业，具有行业上的先天优势，基本上都适合在新三板挂牌。

俗话说，没有不好的行业，只有不好的企业！即便隶属于同一行业的企业，也会存在天壤之别。我们不能因为某行业的局限，而将该行业内的全部企业都否定。一些习惯认为存在上市局限的行业，比如农业、餐饮等行业，也会拥有一些优质企业。这种优质可能体现在企业家素质、管理思路、商业模式、员工团队、供应商及客户等多个方面。拥有此类优秀品质的企业在新三板也是非常受欢迎的。

一般来说，无论是创新型企业，还是具有自己的知识产权、明确的盈利模式、已经形成一定规模并且处于发展期的企业，都是普遍会受到券商青睐的，也是最受新三板欢迎的。

一般来说，无论是创新型企业，还是具有自己的知识产权、明确的盈利模式、已经形成一定规模并且处于发展期的企业，都是普遍会受到券商青睐的，也是最受新三板欢迎的。

关于创新，我们不能狭隘地认为，只有互联网企业才是创新型企业，隶属传统行业的企业就不是创新型企业。只要企业有自己的知识产权，有自己的创新意识、创新成果，就属于创新型企业。哪怕是从事食品、设备、服装生产等行业的企业，只要可以对某种传统产品进行改进或者对某个流程进行优化，都可能构成创新。

鑫庄农贷：小贷公司第一股

鑫庄农贷（830958），全称为苏州高新区鑫庄农村小额贷款股份有限公司。参照《上市公司行业分类指引（2012年修订）》（以下案例均参照该标准）的分类标准，该公司属于其他金融业。其主要业务是面向“三农”发放小额贷款，提供融资性担保，开展金融机构业务代理。

鑫庄农贷于2014年8月1日挂牌新三板，成为第一家挂牌新三板的小贷公司，开创了小贷公司登陆资本市场的先河。在鑫庄农贷的示范效应下，后来又有一些农贷公司和小贷公司陆续在新三板挂牌。

为什么鑫庄农贷要选择登陆新三板呢？这是因为，小贷公司不具备银行吸收存款的功能，虽以资金作为主要产品，但资金来源有限，无法从根本上解决融资难的问题。融资与发展间的矛盾，限制了小贷行业为“三农”服务的能力。

央行数据显示，截至2015年3月底，全国共有小贷公司8127家，贷款余额达8444亿元，万亿规模的小贷公司亟待新的融资渠道。对于大多数属于金融行业的公司来说，融资需求都是非常大的。

万人调查：市场调查第一股

万人调查（430451），全称为深圳市万人市场调查股份有限公司。2014年1月22日，公司挂牌新三板，成为市场调查第一股。

万人调查是由海外投资机构投资的致力于市场研究、行业市场信息服务、竞争情报服务的专业化机构。公司结合先进的专业技术和行业咨询服务经验，以国际知名同业机构的行业规范和研究技术为标准，以规范、守信、保密、中立为原则，为国内外客户提供一站式、全方位的市场研究咨询服务。

2014 年，该公司主营业务收入为 1594.02 万元，归母净利润为 177.23 万元，主营构成为市场调查报告（100%）。

古城香业："香" 产品第一股

2014 年 7 月 11 日，古城香业（830837）挂牌新三板，成为新三板香业第一股。

古城香业，全称为河北古城香业集团股份有限公司，是一家有着 30 余年历史的专业制香企业。企业主要生产和经营各种中高档空气卫生香、香文化产品、空气熏香、礼佛祭祀用香等。产品采用国家环保标准，共计四大系列 2000 余种。

与其他同类企业不同，古城香业构建了从原料生产源头到成品销售一条龙的格局。其生产规模、产品质量、技术实力、市场覆盖率等方面在全国同行业中均居第一位，特别是生产规模，即便是在整个亚洲，也占据了第一的位置。

此外，企业连续多年被国务院和国家民委确定为"全国民族特需用品定点生产企业"，连续多年享有国家优惠政策的支持，连续多年被评为"河北省十大民营科技企业""河北省轻工业最佳经济效益企业"等。

2014 年，古城香业主营业务收入为 2.36 亿元，归母净利润为 5974.32 万元，主营构成为香产品（95.17%）、其他（4.83%）。

北展股份：会展第一股

北展股份（831023），全称为大连北方国际展览股份有限公司，2014 年 8 月 14 日在新三板挂牌。该公司属大型专业展览公司，其业务遍及展会组织、出国展览、来华展览、展览工程施工、展品运输、广告宣传、酒店住宿、咨询服务等多个方面。

北展股份拥有“中国国际环境保护博览会”“东亚国际旅游博览会”“中国国际家具展览会”等 20 多个国际化、品牌化的展览项目。

2014 年，公司主营业务收入为 5363.81 万元，归母净利润为 1908.36 万元，主营构成为消费展（52.71%）、贸易展（47.03%）、营销服务费（0.26%）。

天涯社区：互联网论坛第一股

在苦苦追寻创业板上市无望后，老牌知名论坛天涯社区踏上了挂牌新三板之路。

2015 年 4 月 30 日，天涯社区网络科技股份有限公司（即天涯社区），这家国内排名第一的互联网论坛，现身新三板挂牌企业名单。

天涯社区是国内网友熟知的知名论坛。在相当长的时间内，天涯社区就是国内网络文化的风向标。来自天涯网友的热门帖子，引领着网络热议话题和社会舆论的走向。有很多引起社会公共舆论的事件都发端于天涯社区，比如芙蓉姐姐、周正龙事件。

据其公开转让说明书的数据，天涯社区2013年、2014年的主营业务收入分别为1.04亿元、1.07亿元，亏损金额分别为3161.33万元、4465.8万元。公司连续两年亏损高达7627万元之巨。

究其原因，主要是广告业务收入在2012年碰到了“天花板”，之后公司为了增收促发展，开始向社区电商和互联网金融转型，其持续的研发投入及业务布局的调整占用了大量资金。如果短期内不能有效控制成本或获得资金支持，公司就会面临现金断流的危险。借助新三板进行融资，是天涯社区挂牌的主要诉求。

可恩口腔：医院第一股

2014年8月12日，可恩口腔（830938）在新三板挂牌。可恩口腔，全称为德州可恩口腔医院股份有限公司，是全国第一家在新三板挂牌的医院，也是全国第一家在资本市场出现的牙科医疗机构。

可恩口腔成立于2011年11月，是一家集医疗、科研、预防保健为一体的现代化二级专科口腔医院。

2015年4月22日，可恩口腔转为做市交易，当天股价大涨151.57%。这家仅在山东德州和济南设立分院的口腔医疗机构，2014年度收入超过6400万元，利润高达800万元，而且对收入贡献最高的五位患者的姓名和诊疗费用也被公布在2014年的年报上。

什么样的企业不适合新三板

虽然新三板并没有对挂牌企业的行业进行限制，但是在具体实践中，还是有一些行业并不适合在新三板挂牌。不适合在新三板挂牌的企业所属的行业主要包括以下四类。

第一类，夕阳产业。所谓夕阳产业，就是被国家或发改委明确列为限制类或淘汰类的一些行业。限制类的如房地产，淘汰类的如落后产能聚集的行业。

第二类，某些敏感行业或者深度受政策影响的行业，如殡葬行业、房地产等。

第三类，某些明显处于发展周期低谷，且在短期内很难扭转颓势的行业，如风电行业、光伏行业。

第四类，高污染、高能耗的行业，存在资质或者环保等诸多问题的行业，如矿业、房地产等。

除了以上四类，只要是本行业的投资者能够理解并接受的，同时行业拥有或者可以孕育优秀企业的，就可以成为受新三板欢迎和鼓励的行业。

新三板虽然不设财务指标、不限所有制，但对企业的持续盈利能力要求却越来越高。一家缺乏持续盈利能力的企业是不适合到新三板挂牌的。尽管新三板为挂牌企业提供了一个有效的融资渠道，但纯粹以融资为目的登陆新三板的做法也是不可取的。又加之新三板每年的维护费也在 30 万元左右，这对于初创企业来说也是有一定压力的。

挂牌新三板有哪些优势

拥有一个“快、低、久”的全新融资平台

新三板为中小企业提供了一个全新的融资平台。与其他融资平台相比，新三板这个融资平台可以说是为众多中小微企业量身定制的。而且，新三板在融资方面还具有快、低、久的优点。

1. 挂牌速度快

新三板挂牌类似于备案制，挂牌所需时间短。从企业进行股份制改造开始，到正式在新三板挂牌，最快 3 个月，即便比较慢，半年左右也可以完成。但是，中小企业要想在主板、中小板或创业板上市，即使达到了准入门槛，也要排队等候审核。通常情况下，等候审核的时间要 2 ～ 3 年。要是遇到 IPO 关闸，时间会更长。

2. 挂牌门槛低

目前，很多符合国家产业政策、发展潜力大的高科技企业，由于财务指标问题和市场规模上的限制，无法登陆创业板或是主板，而且面临资金短缺的困难。

从新三板的挂牌条件来看，没有量化财务指标要求，没有对行业属性进行限定，而是仅仅关注中小企业自身的成长性和创新性。在具体量化指标方面，仅有“依法设立且存续满两年”的限制。相比主板或创业板而言，中小企业登陆新三板的门槛还是比较低的。

3. 实现可持续融资

新三板为挂牌企业提供了一个持久的融资平台。企业可以通过新三板持续获得资金，可以通过股权融资、债权融资等方式获得更多低成本的资金。

股权融资　企业在新三板进行挂牌后，可根据其业务发展需要，向特定对象进行直接融资。中小企业股权融资不仅不需要支付利息，还可以帮助企业获得长期稳定的资金，有利于增强企业的创新动力。股权融资具有风险共担、收益共享的特点。这一特点可以帮助中小企业实现股权资本收益的最大化。

挂牌之后，企业也可以通过增发、配股等其他方式获得后续融资，以保证企业持续实现低成本的融资。

优先股　根据《国务院关于开展优先股试点的指导意见》（国发〔2013〕46 号）的规定，公开发行优先股的发行人仅限于证监会规定的上市公司，非公开发行优先股的发行人仅限于上市公司（含注册地在境内的境外上市公司）和非上市公众公司。

这说明了什么问题呢？简单来说，就是新三板挂牌企业属于非上市公众公司，新三板挂牌企业可以发行优先股。

发行优先股，可以拓宽新三板挂牌企业的融资渠道，也可以吸引更多的私募股权投资机构对新三板挂牌企业进行投资。

债权融资 挂牌企业可以在全国性场外市场通过公司债、可转债、中小企业私募债等方式进行债权融资。

银行贷款 成功挂牌后的企业，其股权估值会显著提升。相应地，银行对该企业的认知度和重视度也会明显提高，这势必会帮助企业更容易获得商业银行提供的较低利率的贷款。而且，当企业股权的市场价值获得了其他金融机构的认可时，企业还可以进一步获得股份抵押贷款等融资便利。

以上几种途径极大地提升了中小企业的综合融资能力，拓宽了中小企业的融资渠道。

此外，各地政府为了鼓励中小企业挂牌新三板，一般都会给予相关的政策补贴。就目前来看，这些补贴一般都可以冲抵部分或全部的中介费用，大大降低了企业的挂牌成本。

比如，上海首家在新三板市场挂牌的同时实现融资的企业——晟矽微电（430276），2013 年 8 月在新三板挂牌，获得了政府补贴 160 万元，基本实现了零成本挂牌。

再如，苏州高新区将对新三板挂牌企业的奖励分为改制结束、正式提交挂牌材料、挂牌交易三个阶段，并视不同阶段分别给予 50 万元、50 万元、100 万元的补贴。

使公司治理结构更加完善，管理更加规范

中小企业挂牌新三板的整个流程，就是企业梳理解决遗留问题、

完善公司治理结构、规范各项管理制度的过程。

中小企业挂牌新三板之前，要审慎分析企业的内外部环境，结合自身的优劣势，对企业发展战略进行清晰、准确的定位。

> 中小企业挂牌新三板的整个流程，就是企业梳理解决遗留问题、完善公司治理结构、规范各项管理制度的过程。

中小企业挂牌新三板过程中，要在券商、律师事务所、会计师事务所等专业中介机构的参与下，明晰产权关系，完善公司治理结构，规范纳税行为，确定并完善现代企业制度。

中小企业挂牌新三板之后，依然要持续将完善公司治理、规范企业管理、合规合法经营这些战略目标作为工作重点，还要在主办券商的持续督导和证监会及全国股份转让系统的监管下规范运营。这些都为企业的持续健康发展提供了有力的保障。

提升企业估值

如果企业选择在新三板挂牌，资本市场的股份转让定价机制就可以发挥作用。通过市场来反映企业估值，就是企业股份的价值。

无论是挂牌企业数量的增加，还是做市商制度的引入，都大大增加了挂牌企业的股份流动性。做市商充当了流动性提供者的角色，通过履行双边报价义务，不断向投资者提供买卖价格，并接受投资者的买卖要求，保证了市场交易连续进行。做市商还通过其专业的投资价值判断对做市企业进行选择。这样一来，优质企业整体估值水平自然能够得到提升，从而吸引更多投资者进入市场交易。

良性循环会带来更多风投机构的加入，甚至会有专门的新三板投资基金、并购基金出现。这样一来，挂牌企业股份的价值会放大，股东的身价会不断增加。

树立企业品牌，提升企业价值

就以往传统来看，企业树立自身品牌形象主要有三种方法：打广告、营销、树口碑。殊不知，在新三板挂牌就是一种免费广告，挂牌可以对中小企业的品牌宣传产生积极作用。

中小企业能在新三板挂牌，就意味着该企业在公司治理、规范管理等方面得到了监管部门的认可，表明该企业的市场潜力、发展前景、成长性都得到了广泛的认可，同时也意味着该企业的经营风险较小。这是一种无形的名誉，对中小企业建立品牌知名度帮助很大。

中小企业挂牌新三板本身就具有广告宣传的效应。挂牌意味着企业进入公众视线：持续披露的信息，每天公开的股权交易情况、涨跌情况，机构投资者和证券分析师对企业的实时调查，各研究机构的分析研究报告，各路媒体对企业新动向的追踪报道，广大投资者的关注，都大大提高了挂牌企业的曝光度，也提高了公众对该企业的关注度和认知度。

上述这些举措都能很好地树立企业品牌，提升企业形象和企业价值，在进行市场拓展、取得客户信任、提高公众认知及获取政府支持方面会更为容易，有利于企业实现持续快速发展。

基美影业登陆新三板带来的品牌示范效应

2013 年 12 月 10 日，基美影业（430358）在新三板挂牌，成为新三板影视文化股第一股。挂牌同时融资 9000 万元，也创造了当时新三板挂牌同时融资的新纪录。

基美影业被业界认为是“在进口大片发行夹缝中野蛮生长的民营电影公司”。作为民营企业的基美影业，其生存之道可谓独辟蹊径。

进口片分为两类：一种是分账片。分账片大都是好莱坞大制作，中外同步发行，外方根据中国票房进行分账。典型的如《复仇者联盟 2》《速度与激情 7》等。分账片票房几乎占据了国内电影票房的绝大部分。目前，国内只有两家企业拥有进口片的发行资质，即中影集团和华夏电影公司，二者都属于国有企业。

另一种是买断片（即俗称的批片），是指以较低价格买断国外影片在国内的发行，收益不分账。不过，由于这样的影片往往会比国外上映滞后几个月，所以很多时候买断片票房并不乐观。

基美影业就是通过引进买断片，并以协助推广的方式参与进口片市场的。所谓协助推广，是指不具备发行资质的民营企业通过跟中影、华夏两家公司签订协议，以合作者的形式参与进口片在国内的发行、分享发行收益。其实，民营企业在其中承担的职能跟电影发行非常类似。

基美影业 2014 年年报显示：公司 2014 年营业收入为 1.54 亿元，同比增长 218.40%；归属于挂牌企业股东的净利润为 5308.21 万元，同比增长 556.71%。能够取得这么好的成绩，正是受益于基美影业协助推广买断片《超体》和《暴力街区》。这两部电影的票房分别达到了 2.78 亿元和 1.87 亿元。作为引进方，基美影业分得了不菲的票房收入。

在资本运作方面，基美影业也是不走寻常路的。

挂牌同时融资9000万元，只完成了第一步。自2014年2月以来，公司又在1个月之内相继完成了两次增发，融资额超4亿元。3月23日，基美影业与广州越秀产业投资基金共同发起成立总金额为10亿元人民币的越秀基美文化产业基金。

基美影业为整个影视产业链带来了示范效应。在基美影业的示范效应下，一大批影视文化公司扎堆登陆新三板，如杨丽萍控股的云南文化、孙红雷参股的青雨影视，以及春秋鸿、金天地、三多堂等。

2014年，云南文化在上市几经周折之后，于10月23日成功登陆新三板。据权威人士分析，如果按照目前新三板的平均市盈率[①]做市交易，杨丽萍的个人身价可能会超过40亿元。

2015年4月17日，青雨影视在经历了IPO失败、并购重组失利之后，也选择了登陆新三板。截至2014年12月31日，青雨影视总资产达到3.95亿元，年内实现净利润4068.45万元。在新三板挂牌的影视股中，体量也是霸主级别的。

如果竞价交易制度在新三版市场得到充分推广，新三板挂牌企业的市值就有望与一些主板上市公司比肩。基美影业董事长高敬东就曾表示："新三板一定会诞生市值300亿以上的电影公司。"

有机会实现转板

中小企业挂牌新三板之后即可从中获得各种利好。比如，可以提

① 市盈率，指在一个时期（通常为12个月的时间）内，股票的价格和每股收益的比例。

升企业的管理水平，降低企业的经营风险，扩大企业的融资渠道等。经过一段时间的发展，企业即有机会从一家初创型企业成长为一家成熟型企业。要是能够满足创业板、中小板或者主板的上市条件，企业经过一定的手续之后，就能成功实现转板，从而在更大的资本市场上进行融资。另外，新三板的扩容，不仅缓解了我国企业上市的压力，还减轻了资本市场的负担。

挂牌新三板有哪些弊端

企业性质改变，面临的内外压力增大

没有挂牌的中小企业一般都属于私人公司，其经营管理一般都是老板说了算，老板负责下指令，干部和员工负责执行就可以了。即使设置了股东大会和董事会，它们也很难发挥应有的作用。挂牌后，企业要建立“三会”（即董事会、监事会和股东大会），规范业务流程，完善内控制度。这些调整可能涉及人事变动，带来企业内部的摩擦，形成一定程度的内耗。

挂牌的公司就属于公众公司。企业的公司治理结构要完善，经营管理需要董事会决策，重大事项要上股东大会，财务报表也要公开。企业整体暴露在社会公众视线之中，这将给企业带来一定的外部监督的压力。

挂牌费用压力大，运营成本增加

首先，中小企业挂牌新三板，需要付给主办券商挂牌费用和其他中介机构中介费用。这些费用加起来大概需要100万元。这对于中小企业来说，也是一笔金额不小的开支。虽然各地方政府一般会对中小企业挂牌提供财政补贴，可以降低企业的改制成本和挂牌成本，但是随着政府补贴政策的收紧，企业实现零成本改制和挂牌必然会成为一种阶段性现象。后面拟登陆新三板的企业多数还要靠自力更生才能实现挂牌。

其次，中小企业在挂牌准备过程中，需要规范财务，可能会补缴税款。相应地，税收也会增加。企业挂牌后，需要按照全国股份转让系统的规则要求运行，需要在公司治理层面做到人员、资产、财务、机构、业务五独立，还要聘用财务总监、董事会秘书等，这些都会增加企业的运营成本。

最后，不少企业在新三板挂牌是为了融资，但不是每一家企业都能在挂牌同时就进行定向增发的。如果不能拿到融资，每年还需向交易所和主办券商支付一定的费用（这部分新增管理成本大约在20万元），这对于那些资金匮乏的中小企业来说，也是一笔不小的开支，当年的财务数据就有可能很难看。

信息公开带来了一定的风险

中小企业在新三板挂牌之后，就成了公众公司，需要定期披露企业经营和财务方面的信息，还有公司治理和内部控制制度方面的信息。这样一来，企业的一举一动都会暴露在竞争对手面前。强制披露信息可能导致企业的竞争环境恶化。

虽然每一家上市或挂牌的企业都必须面对这个问题，但新三板挂牌企业大都属于中小企业，其抵御风险的能力要远远低于大型企业。如果核心信息被竞争对手掌握，企业就可能遭遇一系列伤害。

核心人员流失

就目前情况来看，不少拟挂牌新三板的企业都属于采用轻资产①运营模式的中小科技企业。对这类企业来说，人才就是核心竞争力。因此，在发展过程中，为数不少的企业为了留住核心管理人员或技术人员，除了采用高工资吸引的方式之外，还会采取股权激励政策。一旦企业在新三板挂牌后，这些核心人员手里持有的股份就有了一个可以转让变现的渠道。即使不转让，由于资本市场对企业具有估值的作用，核心管理人员或技术人员就可以很容易获知自身股权的价值。

财富的增长，巨大收益的回馈，会在一定程度上削弱核心管理人员或技术人员的工作积极性，进而影响他们的战斗力和进取精神。相应地，企业对于核心管理人员或技术人员的吸引力和凝聚力会降低，团队合作也可能会失去平衡。而这些对企业发展都是非常不利的。

综上所述，中小企业是否适合在新三板上市挂牌，关键还要看企业自身的实际情况及其挂牌的目的。毕竟，鞋子是否合适，只有自己最清楚。

有友食品：新三板是一把双刃剑

新三板自扩容以来，从不乏各种“奇葩”行业和企业的身影。

---

① 轻资产就是指企业只专注于核心业务，而把非核心业务外包出去的运营模式。

有友食品专注泡椒凤爪很多年，将一个休闲食品行业中细分得不能再细分的产业做上了新三板，成为这个独特品类登陆新三板的开创者。

2014年11月20日，有友食品（831377）在新三板正式挂牌。就在成功挂牌的当年，公司即实现营业收入8.7亿元，其中泡椒凤爪营业收入为6.4亿元，占据营业收入的七成多；实现净利润超1.1亿元。公司市值高达35亿元。

小小的凤爪竟然可以这么赚钱。一时间，很多人都不淡定了。

有友食品，全称为有友食品股份有限公司，成立于2007年5月，属于休闲食品行业中的一个细分产业。经过多年的发展，公司已形成以泡椒凤爪、卤香火鸡翅等肉制品为主，豆干、竹笋等非肉制品为辅的泡卤风味休闲食品系列，将一个不起眼的餐桌食品做成了规模领先的工业化产品。

一直以来，有友食品以泡椒凤爪闻名川渝两地，成为细分市场全国营销网络布局最早、最广的企业。国内生产泡椒凤爪的企业有600家，而有友食品的销量占全国同类产品销量的20%以上。

据有友食品公开转让说明书显示，有友食品的掌门人鹿有忠及其妻女，三人累计持有约1.40亿股有友食品，占总股本的93.67%。虽然家族绝对控股，但鹿有忠还是在2011年12月让24名核心骨干以非常低廉的价格拥有了公司股份。

没想到本来是对员工进行股权激励的好事，却引发了高管离职潮。公司2014年11月挂牌后，就在2015年1月13日，副总经理冉小军辞职；2月6日，董事、副总经理任晓琴辞职；3月17日，副总经理、董事会秘书凌伟辞职。上述三人分别持有约41.89万股有友食品的股权。按照当时的股价粗略估算，41.89万股有友食品约值人民币696.63万元。

从2014年11月挂牌到2015年3月，只有短短4个多月时间，公司4名副总当中有3人先后辞职。唯一未辞职的副总经理杨庄，却是没有公司股份的一位。

2015年2月17日，有友食品股票交易的方式由协议转让方式变更为做市转让方式，这势必使得股权交易变得更加活跃。同时，这也意味着如果享有股权的高管离职，套现将会变得更加便利。

案例分析：

1. 高管套现离职将影响公司转板进程

挂牌新三板之后，公司就有了估值或市值。这样一来，公司的股权激励计划就会造就一批百万富翁甚至千万富翁。这时，如果持股人选择套现离职，就会对公司团队造成一定程度的冲击，对正在进行的项目造成一定程度的影响。即使不套现，相当一部分享受到股权激励的员工也会出现工作热情衰退的情形，这对公司、对员工本人来说，都是一种损失。总之，无论持股员工如何选择，都会对公司团队的稳定性造成一定的影响。

在公司上市过程当中，高管将持有的股票套现后离职是很常见的，但对于刚刚挂牌新三板的有友食品来说，确属不利现象。一家拥有持续盈利能力的公司挂牌新三板，很多时候是想在IPO重启之后实现成功转板，进一步拓展公司的可持续发展能力的。尽管IPO在2015年11月7日重启，有友食品也从2015年9月30日开始接受东北证券的辅导，但高管离职还是会成为有友食品转板的硬伤。因为主板上市的一个重要条件便是“发行人最近3年内主营业务和董事、高级管理人员没有发生重大变化，实际控制人没有发生变更”。

2. 一家无债务且拥有高现金流的企业是否需要上市

有友食品 2012—2014 年的财报显示：有友食品的短期借款、长期借款均为零，净利润连续稳定在 1.15 亿～1.36 亿元。截至 2014 年年末，有友食品账上的货币资金有 1.44 亿元。

与有友食品类似的是专门生产辣椒酱的“老干妈”。二者都是食品行业细分领域的龙头企业，而且都拥有良好的财务状况，即现金流非常充裕，且没有银行借款。

众所周知，老干妈辣椒酱已经走出国门，走向世界，但其创始人陶华碧却没有想过把“老干妈”做成上市企业。

拥有高质量现金流、没有债务负担的企业，是否还需要融资，是否需要急于挂牌新三板？看来，这需要根据企业自身的情况来慎重决定。

3. 食品安全问题是食品行业最重要的命题

2014 年，有友食品同比收入下降了 10%。下降原因主要基于两个方面：一方面，受 2014 年整体宏观经济放缓、市场竞争加剧等外部环境的影响；另一方面，媒体爆出了质疑泡椒凤爪的安全性和健康性的负面报道。

企业如何规范才能如期登陆新三板

解决诚信意识问题

资本市场是公开透明的，也是有自己的游戏规则的。在资本市场融资，真实是最重要的底线。对此，不少企业家都没有真正地理解，不愿意公开“家底”，一涉及具体问题就左躲右闪。这样的做法，不仅违反了资本市场的游戏规则，还会为企业的发展前景蒙上阴影。

就目前情况而言，国内为数不少的中小企业都或多或少地存在财务不规范的问题。不过，只要不触犯法律，对财务逐步进行规范，投资者也是可以接受的。资本市场也是如此。这就需要企业必须做到诚信。既然企业想要通过新三板融资，想要得到投资者的认可，就必须向公众公开真实的财务状况。一旦企业出现诚信问题，比如违约或财务造假，投资者损失的是真金白银，企业损失的则是自身的融资前途。

解决家族治理问题

拟挂牌新三板的中小企业，特别是民营企业，往往采用家族治理模式。老公主抓企业的全面工作，总经理、董事长一肩挑；老婆主管财务，保证“肥水不流外人田”；其他家人遍布企业的业务、行政、后勤等多个部门。不仅如此，作为企业制度象征的董事会常会成为摆设；在生产经营、人力资源等方面的决策，或是老板的“一言堂”，或是随便几个人商量一下。

资本市场是有一整套规范准则的。这是所有进入资本市场的企业都必须遵守的。摒弃家族式管理，采用规范的公司治理结构，构建“三会一层”（股东大会、董事会、监事会、高管层），建立健全各项制度，是企业蜕变的必经之路。

摒弃家族式管理，采用规范的公司治理结构，构建“三会一层”（股东大会、董事会、监事会、高管层），建立健全各项制度，是企业蜕变的必经之路。

解决业务明确问题

业务明确，是指企业有明确的业务范围，主业要突出。一般来说，企业的主营业务收入应当占到总收入的 70% 以上，主营业务利润应当占到利润总额的 70% 以上，才能表明主营业务突出。

业务过于分散是中小企业挂牌新三板的减分项。企业有突出的主营业务，能够形成核心竞争力，有利于企业形成清晰的业务发展战略目标，有利于企业合理配置存量资源，也有利于企业提高盈利能力和持续发展能力。

企业要明确主营业务，可以采取资产重组的方式。重组的资产要有第三方机构进行评估并出具评估报告书；重组符合有关法律、法规要求，如《资产重组方案》要股东大会审议通过。以软件开发和系统集成为主营业务的企业，如果有从事文化广告传媒的小规模子公司，子公司与母公司的主营业务没有紧密联系，就要对其进行重组。

解决财务、经营规范问题

很多拟挂牌新三板的企业，已经具有一定规模，也有丰厚的利润，却连一张合乎规范的财务报表都拿不出来。更有甚者，企业销售额过亿元，资金往来却只靠老板个人的银行卡。财务问题已经成为中小企业登陆新三板的绊脚石。

这些财务问题集中体现在以下几个方面：

一是账务处理不规范。这种不规范主要表现在业务记录、凭证管理、报表列报等诸多方面都存在问题或者错误。

二是在会计政策和会计估计方面，出现使用错误或不当变更。比如，收入确认方法不正确，资产减值准备计提不合理，投资收益确认方法不正确，借款费用处理方法不正确，固定资产折旧和无形资产摊销不合理，随意变更固定资产折旧年限，随意变更坏账准备计提比例，变更存货成本结转方法不当等。

这些问题令拟挂牌企业形象大打折扣，对企业挂牌产生了不小的影响。针对此类问题的建议很简单，那就是严格执行企业会计准则，恰当采用会计政策，合理进行会计估计[①]变更。

另外，中小企业在财务人员设置方面也经常存在职能分离不彻底、

① 会计估计：是指对结果不确定的交易或事项以最近可利用的信息为基础所作出的判断。

权利义务不明确、任人唯亲的问题。比如，由办公室的行政人员代为处理日常账目；由老板的亲属担任财务人员；或者虽然聘请了专业财务人员，但实际财务决策权均由老板掌握，财务人员仅是老板意志的执行者。

这是陈旧的管理意识在作怪。老板要保持自己对企业的掌控权，总要紧紧掌握财权和人权，这是不少老板信奉的准则。这准则的初衷虽无可厚非，但长此以往，财务方面会显现诸多问题。要真正解决财务的规范问题，先要从老板的意识培养开始，在此基础上提高财务人员的素质。

在生产经营方面，中小民营企业容易出现以下不规范的问题：

进行股份制改造时，未按要求进行验资，导致注册设立存在瑕疵。

注册资本金不足的问题。一些初创企业迫于市场经营压力，存在出资不实、抽逃资本金等行为。

资产权属问题。如租用的厂房、设备等产权手续不完善，租赁方尚未取得合法的土地证和房产证等。

环保问题。如因环保项目违规，受到环保部门处罚。

“五险一金”方面的问题。如未按法律规定的实际工资给员工缴纳社保，没有严格执行住房公积金管理制度等。

解决关联方交易、同业竞争问题

关联交易、同业竞争的审查，也是新三板挂牌的审查重点。这两个概念有着紧密的联系。

关联交易，是指关联方之间存在的交易行为。关联交易虽然可以降低交易成本、提高企业竞争力，但负面影响也很大，容易出现转移利润、转移成本、逃避税负、内幕交易、市场垄断等一系列问题。

同业竞争，指的是拟挂牌企业的实际控制人或大股东从事的其他业务，与本拟挂牌企业存在竞争关系及关联交易的情况。

判断是否存在同业竞争，可以根据以下标准：

第一，同一实际控制人名下是否存在与拟挂牌企业同业竞争的企业。

第二，企业高级管理人员是否兼任实职，财务人员是否在关联企业中兼职。

第三，企业改制时，发起人是否将构成同业竞争关系的相关资产、业务全部投入股份公司。

解决同业竞争问题，一般可以采取以下几种方式：

第一，股权收购同业竞争企业，将其转化为拟挂牌企业的全资子公司，或通过调整股权结构降低关联性。

第二，以股权转让的方式，将存在同业竞争的企业转给无关联的第三方。

第三，注销同业竞争企业，将其资产、业务吸收合并至拟挂牌企业。

这种情况一般发生在同一实际控制人之下有两家或两家以上同业竞争企业，注销其余同业竞争企业不对实际控制人产生影响。

第四，拟挂牌企业回购同业竞争企业的业务和资产。

第五，发行人放弃与竞争方存在同业竞争的业务。

第六，控股股东及实际控制人出具今后不再进行同业竞争的具有法律约束力的书面承诺。

第七，根据具体情况，也可以采取协议买断销售、签订市场分割协议和充分论证同业但不竞争等方式解决同业竞争问题。

基美传媒与基美影业之间的同业竞争

基美传媒，全称为上海基美文化传媒股份有限公司，成立于2006年，是全国最大的地铁网络流媒体运营商，同时也是国内最专业的全媒体电影娱乐商务整合传播服务机构之一。基美传媒于2013年进入证监会的IPO排队名单，并于2014年披露了招股说明书。

基美影业，全称为上海基美影业股份有限公司，成立于2008年4月，注册资本为5715万元人民币。公司主要从事电影的投资制作和发行推广业务。2013年12月10日，基美影业选择在新三板挂牌，股票代码为430358，采用做市交易方式。

基美传媒与基美影业的控股股东和实际控制人都是高敬东。高敬东通过直接和间接方式，持有基美传媒92.75%的股权，持有基美影业68.51%的股权。

案例分析：

通俗来讲，同业竞争就是企业与关联方从事的业务相同或相似，构成竞争关系。这种情况如果存在，可能导致相关联的企业无法按照市场化的原则来进行运作。

全球绝大多数国家均要求上市公司禁止同业竞争。我国也是如此。众所周知，在我国境内IPO不得存在同业竞争。禁止同业竞争就是为了防止控股股东利用控股地位，做出不利于上市公司的决策，而这种决策对于上市公司的中小股东来说显然是非常不公平的。

基美传媒表示，基美传媒拥有地铁媒体和电影媒体两大主营业务，主要提供电影商务整合传播服务，而基美影业主要从事电影的投资制作、发行、协助推广及衍生业务。二者之间不存在同业竞争问题。

但业界普遍认为，基美传媒和基美影业受同一个控制人高敬东控制，属于典型的同业竞争。而且，这两家公司在电影业务上以后难免会出现交集。高敬东控制了基美传媒高达92.75%的股份，即使上市后摊薄，仍会处于绝对控制地位。股东对基美传媒和基美影业的绝对控制地位，很容易导致其在公司的经营方针、投资计划等重大决策上拥有绝对话语权，容易产生不公平。

同业竞争是证监会发审委特别关注的一个事项。拟IPO企业如果存在未予解决的同业竞争问题，通过审核的概率会大大降低。

知识链接

关联方与关联方交易

关联方，是指一方控制、共同控制另一方或对另一方施加重大影响，以及两方或两方以上受同一控制、共同控制或重大影响的，构成关联方。

控制，是指有权决定一家企业的财务和经营决策，并能从该企业的经营活动中受益。

共同控制，是指按照合约约定对某项经济活动共同的控制，仅在该经济活动相关的重要财务和经营决策需要分享控制权的投资方一致同意时存在。

重大影响，是指对一家企业的财务和经营决策有参与决策的权力，但并不能控制或者与其他方一起控制这些政策的制定。

仅仅同受国家控制而不存在其他关联方关系的企业，不构成关联方。

关联方关系，是指公司控股股东、实际控制人、董事、监事、高级管理人员与其直接或者间接控制的企业之间的关系，以及可能导致公司利益转移的其他关系。

常见的关联方关系：

公司的控股股东，以及其控制的其他企业；

持股5%以上的股东，以及其控制的其他企业；

公司的董事、监事、高级管理人员（包括总经理、副总经理、财务负责人等）；

持股20%以上的被投资单位。

根据以上内容，可将关联方归为两大类：

第一类是指对公司占有一定比例出资额或持有一定比例表决权股份而对公司具有控制或重大影响的股东；

第二类是指公司的董事、监事、高级管理人员等行政管理人员。

关联方交易，是指关联方之间转移资源、劳务或义务的行为，而不论是否收到价款。

关联方交易的类型主要如下：

购销商品；

购买或销售商品以外的其他资产；

提供或接受劳务；

提供资金（贷款或股权投资）；

担保；

租赁；

代理；

研究与开发项目；

许可协议；

代表企业或由企业代表另一方进行债务结算；

关键管理人员薪酬。

对应上面两类关联方，关联交易也可以分为两大类：

第一类关联交易是关联方之间转移资源、劳务或义务的行为，而不论是否收到价款；

第二类关联交易又称自己交易、自利交易。

拟挂牌企业最好能够完全避免关联交易的发生或尽量减少发生，但在实践中，完全避免出现关联交易很难，也会给企业带来一些负面影响。

普华科技如何解决关联方交易

普华科技（430238）的经营范围是：计算机工程设计软件和管理软件与配套产品开发、制作及销售，计算机硬件的开发、制作及销售，计算机信息系统集成，项目管理咨询、商务咨询（以上咨询均除经纪），从事货物和技术的进出口业务。

2013年6月26日，普华科技挂牌新三板。其公开转让说明书披露的相关信息摘录如下：

公司前十名股东及持有5%以上股份股东的持股情况：包晓春持股43.157%，汪清生、邢克俭、廖培林、洪布坤四人均分别持股9%，石淑珍持股2.7%，张顺良持股1.8%，翁以珊、李慧、黄刚三人均分别持股1.35%。

股东间的关联关系：前十名股东中，法人代表兼第一大股东包晓春与李慧为夫妻关系，二人合计持有44.507%；汪清生与石淑珍为夫妻关系，二人合计持有11.7%；其他股东之间均不存在关联关系。石淑珍为公司董事会秘书兼公司信息披露人。

在普华科技的其他关联方中，有一家公司是长沙普兴。该公司营业范围是信息技术服务，以及电子产品、初级农产品、日用百货的销售。长沙普兴的股权结构很简单：石淑珍持有股权90%，夏运华持有股权10%。

公开转让说明书中还披露了如下信息：

长沙普兴自设立以来，与公司（即普华科技）没有关联交易，但由于其控股股东石淑珍持有普华科技2.7%的股权，且担任普华科技董事会秘书一职，为了避免长沙普兴与公司存在潜在同业竞争，2012年11月20日，石淑珍郑重承诺："①本人于2013年6月30日前办理公司名称、法定代表人、营业范围的变更，变更后的营业范围将不包括信息技术服务、电子产品的销售等类似内容，保证长沙普兴不从事与普华科技相似的业务，只经营新型农业产品的销售、推广及其他贸易、咨询类业务；②若本人在2013年6月30日前不能完成第一项的承诺事项，届时本人会将长沙普兴的股权转让给无关联的第三方。若本人因违反上述内容，给普华科技造成损失的，相应的损失由本人承担。"

案例分析：

石淑珍是普华科技位居前十名的股东之一，也是公司的董事会秘书，属于公司的关键管理人员。所以，石淑珍与普华科技之间属于关联方关系，石淑珍控制的长沙普兴与普华科技也属于关联方关系。

为避免关联方之间存在同业竞争的关系，普华科技采取的解决方案是：由石淑珍承诺在限期内变更其控股公司的营业范围，若未完成变更则转让给无关联的第三方，并承诺避免与本公司从事竞争性业务。

佳星慧盟如何解除关联方交易

佳星慧盟（430246），全称为北京佳星慧盟科技股份有限公司，主要经营技术开发、技术咨询、技术转让、技术服务、计算机系统集成服务、应用软件的研发销售服务，以及软硬件产品贸易。

佳星慧盟在2013年7月11日披露了公开转让说明书。说明书“重大事项提示”中有一项“控股股东不当控制的风险”，其主要信息如下：股东吴江林先生与王云女士是夫妻关系，为一致行动人，二者合计持有公司股份1887万股，占总股本的62.9%，为公司共同实际控制人，对公司的经营管理活动有着重大影响。若公司控股股东利用其对公司的实际控制权，对公司的经营决策、人事、财务等进行不当控制，可能会给公司经营和其他股东带来风险。

根据公开转让说明书“关联方及关联交易”中披露的信息，我们可以看到佳星慧盟关联方企业信息如下：

佳星慧盟拥有一家全资子公司——北京明亨伟业科技开发有限公司。公司业务性质是计算机系统集成，法人代表是吴江林，拥有股权为100%。

其他关联方有：副总经理刘波曾经控制的北京朝瑞博科技有限公司，总经理刘益凯曾经控制的北京诺亚聚源科技有限公司，控股股东兼实际控制人吴江林曾经控制的武汉明佳通达科技开发有限公司。相关股东已经在2011年12月31日之前完成了相关股权转让工作。

针对上述的关联方关系，佳星慧盟通过如下方式进行操作：

2011年4月30日，吴江林将其持有的北京明亨伟业科技开发有限公司100%的股权转让给佳星慧盟，结果前者便成为佳星慧盟的全资子公司，消除了同业竞争。

2011年5月26日，吴江林将其持有的武汉明佳通达科技开发有限公司80%的股权，全部转让给无关联的第三方肖蓉，并出具了与肖蓉无亲属关系、不存在股权代持、也不存在协议安排等行为的说明，同时辞去在该公司担任的所有职务。

2011年6月20日，刘波将其持有的北京朝博瑞科技有限公司的50万元股权转让给戚永意，同时不再担任该公司总经理一职。

2011年10月18日，刘益凯将其持有的北京诺亚聚源科技有限公司的80万元的股权转让给田宓，同时不再担任该公司监事一职。

天津宝恒如何消除同业竞争

天津宝恒（430299），全称为天津宝恒流体控制设备股份有限公司，所属行业为仪器仪表行业中的工业自动控制系统装置制造业，主要产品为电动执行器、控制阀及相关备品备件。

2013年7月29日，公司披露了公开转让说明书。其主要信息如下：

股权情况：

截至2013年7月29日，公司股东为28人，其中林子晨和黄皖平分别持股29.21%，林睦然和黄哲宇两人分别持股17.14%。

林子晨与林睦然为父子关系，二人合计持股46.35%；黄皖平和黄哲宇为父女关系，二人合计持股也为46.35%；这四人合计持股92.7%，为公司的实际控制人。除此四位之外，其余24位自然人股东合计持股7.3%，且不存在关联关系。

同业竞争情况：

公司实际控制人林子晨和黄皖平投资控制的企业有三家：天津海斯特电机有限公司（简称“海斯特”）、天津宝恒自控系统有限公司（简称“宝恒自控”），以及天津市恒鑫阀门有限公司（简称“恒鑫阀门”）。

三家关联企业的具体情况如下：

海斯特，成立于2007年10月，经营范围为电机设计、制造、销售和修理，主营业务是高速电机（包括特种、专用电机）的设计、制造和销售。其中，林子晨和黄皖平分别持股35%，闫荣庭持股30%。

宝恒自控，成立于1998年3月，经营范围为工业自动化仪表制造、销售，自动控制系统设计、施工，加工、制造机电产品、高低压控制柜、机械设备，管道防腐技术咨询服务。其中，林子晨持股40.77%，黄皖平持股36.15%，张存持股23.08% 。

恒鑫阀门，成立于2010年4月，经营范围为阀门制造，阀门、化工、机械设备批发兼零售，机电一体化技术开发、咨询、服务、转让。公司股东一共22名，其中林子晨和黄皖平分别持股22%，李亮持股16%，其余19名自然人股东合计持有40%。

此外，公司实际控制人林睦然投资设立天津睦翔科技有限公司（简称睦翔科技），并持有60%的股份。该公司经营范围为建筑用材料的技术开发、转让、咨询、服务，机电产品、日用百货、橡胶制品的批发兼零售。

由以上内容可以看出，恒鑫阀门和宝恒自控在经营范围、业务类型方面与天津宝恒较为相近，存在潜在的同业竞争。

针对这三家关联企业形成的同业竞争，采取措施如下：

恒鑫阀门在2012年本公司（指天津宝恒，以下皆同）股改时进行了资产清算，停止了关联交易，办理了工商注销，且该公司相关业务和人员已经转到本公司。在报告期内，宝恒自控已经停止一切经营业务，截至本说明书签署之日，已发布注销公告。

从业务性质、市场差别、客户群体、产品可替代性等多方面进行考察，海斯特和睦翔科技均与本公司存在显著差异。因此，判断海斯特、睦翔科技两公司与天津宝恒不存在同业竞争关系。

解决持续经营问题

新三板挂牌条件中没有明确的财务指标要求，没有盈利指标要求，但对企业持续经营有要求。持续经营要求企业在经营模式、产品和服务方面没有重大变化，在可预见的未来（一般为财务报表日后连续12个月）能够持续经营下去。

2015年9月9日，全国股份转让系统发布的《关于挂牌条件适用若干问题的解答（一）》中，对挂牌企业“具备持续经营能力”这一条规则进行了细化，采用排除法，明确了“不具有持续经营能力”的标准。申请挂牌公司存在以下情形之一的，应被认定其不具有持续经营能力：

一是未能在每一个会计期间内形成与同期业务相关的持续营运记录；

二是报告期连续亏损且业务发展受产业政策限制；

三是报告期期末净资产额为负数；

四是存在其他可能导致对持续经营能力产生重大影响的事项或情况。

要解决挂牌企业持续经营方面的问题，我们可以参考上面的标准，同时参考证监会对上市公司 IPO 拟发行人持续盈利能力的要求，从以下几个方面入手：

第一，委托专业机构，对企业的产业、产品、经营模式等进行合理定义，贴切和准确地进行描述；行业数据推理要清晰，要有翔实的调研底稿；

第二，保持不同会计期间的持续运营记录；

第三，从经营、财务和人员等方面进行定期评估，发现可能会影响企业持续经营的重要事项，及时发现、及时解决。

解决资金占用问题

处在发展初期的许多中小民营企业都存在企业、个人不分的问题。简单来说，就是企业的资产、银行账户与个人的财产、个人账户混用，企业股东占用企业资金。

进入发展阶段，企业也会经常出现调用关联企业资金的情况。企业资金缺乏时，从银行等金融机构获得外部融资并不容易，而且还要花费较高的成本。所以，拟挂牌企业与其控股股东、关联企业资金往来频繁非常常见。对于实际控制人来说，控股股东占用其他企业富余资金是很常见的情形。有的企业甚至还专门为调剂资金余缺而建立了类似集团财务中心的内部机构。

对于拟挂牌企业与关联方的资金拆借、资金占用问题，关键是尽早规范，不将问题带到以后的挂牌企业中。

针对上述问题，企业可以通过重组、以股利冲抵、转为委托贷款等措施来解决。

解决股权激励问题

股权激励是一个涉及管理、法律和财务等诸多方面的系统工程，既包括人力资源方面的管理问题，也包括劳动关系方面的法律问题，还包括财务问题。要解决股权激励的问题，企业就需要对以下方面提前做好规划。

比如，拿出多少股权来做激励合适；这些股权该怎样定价；什么样的人可以获得股权；是不是要对获得股权者的资格进行限定，如何将这种资格与业绩挂钩；股权激励如何在会计报表中体现；税收和盈利是否会受到影响等。

对上述问题做好规划，就解决了企业实现股权激励的关键问题。可事实上，不少企业在发展初期对它们无暇顾及，直到新三板挂牌在即才来处理。结果，处理难度就变大了。

因此，建议企业在团队相对稳定后就要着手考虑，把员工的股权激励与员工业绩考核、企业收益预测等因素结合起来，考虑相关法律法规和财务结构，分阶段设计方案，并且预留出股份空间和资金周转余地。

至于具体的做法，尽管现在我国还没有针对新三板出台相关的股权激励政策，但对于上市公司已有了比较详细的规范。除了2005年12月出台的《上市公司股权激励管理办法（试行)》,2008年出台的《股权激励审核备忘录1号》《股权激励审核备忘录2号》《股权激励审核备忘录3号》之外，2014年6月，我国还出台了《关于上市公司实施员工持股计划试点的指导意见》。

结合这些政策，再加上新三板及企业自身的特点，拟挂牌企业在规划股权激励时，需要注意以下几点：

首先，股权激励规划要站在战略高度上，精选激励对象，以期激励对象为企业的发展做出重大贡献。

其次，激励股份要分期、分批授予，每期分别向激励对象授予一定比例的股权。

再次，要制定详细、明确的激励考核办法。明确激励对象每年必须完成相应的考核指标，并设置好完不成目标、严重失职等情况下的股权处理意见。

最后，对于考核指标，企业也需制定详细、明确的书面考核办法。

盈利、税收要规划

虽然新三板挂牌条件中并无明确的财务指标要求，对企业的盈利情况也无硬性规定，但对于企业进入资本市场的客观需要来说，企业的盈利和税收都需要规划，以保证企业经营的持续性、成长性。

先来看盈利规划。盈利规划主要包括三个方面：盈利规模、盈利能力和盈利增长。企业要对盈利进行提前规划，就需要在政策适用、市场配套、成本核算、费用分配等方面多下功夫，为盈利的实现提供系统保障。同时，企业在做盈利规划时，还要注意不要进行人为包装，而要注重其内在合理性和后续发展潜力的保持。

再来看税收规划。不少拟挂牌的中小企业都存在一定程度上的税务问题。其具体涉及的税种遍及企业所得税、个人所得税、增值税、土地增值税等。事实上，企业的税务问题大部分是历史原因造成的，也有一部分是企业本身政策调整造成的。如果未触及我国法律，且可以通过补缴税款等方式来处理，税务问题就不会成为企业挂牌新三板的实质性障碍。

而在实际操作中，企业往往会遭遇两难境地：一方面，对于历史问题的修补会带来税收成本的增加；另一方面，税收成本调整幅度过大，企业容易被投资者判定为内控不力、缺乏诚信。因此，将税收和盈利规划结合起来，提前筹划，至关重要。

解决资本结构问题

解决企业资本结构的问题，既要考虑企业资产和负债的结构问题，即权益性资本与债权性资本的构成比例问题，还需要考虑股权结构的集中与分散问题。

解决企业资本结构的问题，既要考虑企业资产和负债的结构问题，即权益性资本与债权性资本的构成比例问题，还需要考虑股权结构的集中与分散问题。

资产负债率过高，企业会被认为偿债能力低、抗风险能力弱，进而影响挂牌；资产负债率过低，容易让审批部门觉得企业融资需求不大，挂牌的必要性不足。所以，适度负债是非常重要的。适度负债不仅有利于约束代理人的道德风险，减少代理成本，还可以保证债权人对当前企业所有者保持适度控制权，有利于企业挂牌。

不过，新三板挂牌企业的股权结构容易出现两个极端：一个是股权过于集中（“一股独大”或“夫妻店”），另一个就是股权过于分散。我们通过几个典型案例来分析一下。

股权分散的景弘环保

景弘环保（430283），全称为武汉景弘环保科技股份有限公司，主营业务为除尘系统工程总承包和袋式除尘器的开发、制造、销售。该公司于2013年8月8日挂牌新三板。

景弘环保的股权结构一直比较分散：截至2015年上半年，前五大股东的持股比例分别为:17.92%、17.40%、6.86%、5.22%、3.15%。没有任何一个股东持股在30%以上，也不存在单一股东控制公司股东大会和董事会的情况。不过，前五大股东已经自愿参照全国股份转让系统的业务规则的要求，做出了进行股份锁定的承诺。

该公司不存在控股股东和实际控制人，也不存在多人共同拥有公司控制权的情形，其股东通过股东大会、董事会，按照公司章程对公司进行管理。

无控股股东的奥特美克

奥特美克（430245),全称为北京奥特美克科技股份有限公司，主营业务为水利信息化相关软件及硬件的研发、生产和销售，提供水利信息化综合解决方案。

2013年7月，公司在新三板挂牌。截至2013年年底，奥特美克共有78位股东。其中，旭阳控股为法人股东，其余77位均为自然人股东。公司没有持股30%以上的控股股东。

2012年9月14日，公司主要股东吴玉晓、路小梅、赵琳芬和旭阳控股的实际控制人杨雪岗四人签署《一致行动人协议》，约定四方在行使股东权利、承担股东义务时采取一致行动，四方合计持有公司股份为69.3789%，形成了对公司的共同控制。

无控股股东的翼捷股份

翼捷股份（430234），全称为上海翼捷工业安全设备股份有限公司，主要经营气体检测仪器仪表、工业消防报警产品，以及传感器的研发、生产、销售及服务。

该公司于2013年7月2日在新三板挂牌。截至2013年年底，翼捷股份股东股权结构信息如下：张杰持有40%的股份，程琨持有30%的股份，孙晓菲持有30%的股份。任何一位股东持有的股份均未超过总股本的50%，均无法对公司的决策形成实质性的控制。因为公司无实际控制人，所以公司所有的经营方针及重大事项均系全体股东充分讨论后共同确定，无任何一方可以起决定作用。

股权集中的博德石油

博德石油（430321），全称为北京博德世达石油技术股份有限公司，主营业务是为天然气产业链中油气勘探、开发、生产环节提供测井技术服务及完井工具和油田化学品。

博德石油于2013年9月挂牌新三板，主办券商是申银万国。博德石油的实际控制人为蔡万伟和王明浩夫妇二人，两人合计持有公司100%的股权，属于名副其实的“夫妻店”。同时，二人还是公司的核心管理层和核心技术人员。

案例分析：

景弘环保和奥特美克属于公司股权分散没有控股股东或实际控制人的情况。股权分散、无实际控制人，会对公司治理机构、公司各项决策效率产生不利影响。

为避免不利影响的出现，当不存在单一绝对控股股东的时候，公司可以像奥特美克一样，通过签订《一致行动人协议》来实现对公司的共同控制。

新三板有很多挂牌公司属于“夫妻店”或者“家族控股”，比如博德石油。公司挂牌新三板即成为非上市公众公司。如果公司股权高度集中，决策效率也可能会比较高。但权力过度集中，利益就会过度集中，控股股东可能会利用优势股权对公司施加影响，容易损害其他小股东的利益。

总之，面对挂牌，企业家需要认真审视自家企业存在的各项问题，彻底解决历史问题，切实规范运作，这才是万全之策。同时，这也是企业家勇于承担社会责任的重要体现。对于拟挂牌企业而言，这是一个加分项，有助于树立良好的企业形象。

知识链接

什么是一致行动人

“一致行动人”(persons acting in concert)这一概念最早是由英国的《伦敦城市法则》提出的。根据《伦敦城市法则》的规定，“一致行动人”指根据正式或非正式的协议或默契，积极地进行合作，通过其中任何人取得目标公司股份以获得或巩固对目标公司控制权的人。除了定义，该法则还列举了6种推定为一致行动人的关联人。

我国在引入这一概念之后，也在《上市公司收购管理办法》第十章第八十三条中进行了界定和说明。2014年10月23日，该管理办法进行了最新一次修订，其关于“一致行动人”的具体表述如下:

本办法所称一致行动，是指投资者通过协议、其他安排，与其他投资者共同扩大其所能够支配的一个上市公司股份表决权数量的行为或者事实。

在上市公司的收购及相关股份权益变动活动中有一致行动情形的投资者，互为一致行动人。如无相反证据，投资者有下列情形之一的，为一致行动人:

投资者之间有股权控制关系；

投资者受同一主体控制；

投资者的董事、监事或者高级管理人员中的主要成员，同时在另一个投资者处担任董事、监事或者高级管理人员；

投资者参股另一投资者，可以对参股公司的重大决策产生重大影响；

银行以外的其他法人、其他组织和自然人为投资者取得相关股份提供融资安排；

投资者之间存在合伙、合作、联营等其他经济利益关系；

持有投资者 30% 以上股份的自然人，与投资者持有同一上市公司股份；

持有投资者 30% 以上股份的自然人和在投资者任职的董事、监事及高级管理人员，其父母、配偶、子女及其配偶、配偶的父母、兄弟姐妹及其配偶等亲属，与投资者持有同一上市公司股份；

在上市公司任职的董事、监事、高级管理人员及其前项所述亲属同时持有本公司股份的，或者与其自己或者其前项所述亲属直接或者间接控制的企业同时持有本公司股份；

上市公司董事、监事、高级管理人员和员工与其所控制或者委托的法人或者其他组织持有本公司股份；

投资者之间具有其他关联关系。

一致行动人应当合并计算其所持有的股份。投资者计算其所持有的股份，应当包括登记在其名下的股份，也包括登记在其一致行动人名下的股份。

投资者认为其与他人不应被视为一致行动人的，可以向中国证监会提供相反证据。

CHAPTER

第二章

新三板是一个怎样的资本市场

- 什么是新三板
- 新三板在我国资本市场中的地位如何
- 挂牌新三板需要满足哪些准入条件
- 挂牌新三板对经营、投资各方有何意义

中小企业融资难、融资贵一直是长期困扰我国经济发展的问题。新三板的设立就是破解这一难题的有效路径之一。这是因为，新三板是目前我国唯一针对中小企业融资的全国性平台。

2014 年注定是我国资本市场不平凡的一年。死气沉沉的 A 股市场满血复活、激昂雄风，点燃了全国股民的热情；新三板呈现井喷式发展，成为资本市场的新大陆。进入 2015 年，A 股经历了大起大落，而新三板依旧魅力不减。

2015 年 7 月 22 日，新三板迎来了历史性的时刻。这一天，新三板挂牌企业达到了 2811 家。此时，主板、中小板、创业板的上市公司加起来的总数量为 2800 家。其中，沪市主板 1071 家，深市主板 478 家，中小板 767 家，创业板 484 家。新三板挂牌企业的数量超过了 A 股公司数量的总和！

据全国股份转让系统（新三板）官方网站的统计数字，2015 年前 10 个月，新三板挂牌企业通过定增募集资金的规模达到了 896.3 亿元，超过了同期创业板上市公司通过定增募集的资金 690 亿元。2015 年 11 月 10 日，新三板挂牌企业的数量突破了 4000 家。截至同日，新三板的总股本达到 2214.88 亿元，流通股本达到 822.47 亿股。

为什么新三板这样受欢迎？究其原因，很大程度上是由于新三板帮助不少企业破解了“两难两多”问题（即中小企业数量多，民间资本资金数量多，中小企业融资难，民间资本投资难）。目前，我国中小企业的数量超过 4000 万家，占全国企业总量的 90% 以上。中小企业融资难、融资贵一直是长期困扰我国经济发展的问题，新三板的设立就是破解这一难题的有效路径之一。

什么是新三板

2001 年 7 月 16 日，中国证券业协会正式成立代办股份转让系统，也就是三板市场。该系统的正式启动，主要是为了解决原“两网”系统遗留的法人股流通问题及沪深两市主板市场退市的股票流通问题。

由于成立以来，原“两网”系统不具备上市条件的公司和从主板退市的公司构成了三板市场的主力军，结果造成了三板市场的先天不足。这些不足具体表现为市场规模小、股票品种少、公司质量差、公司再次转板难度大。种种缺陷使得三板市场的发展一直萎靡不振，长期被投资者忽视和冷落。

为了激发三板市场的活力，经过多年的酝酿和摸索，新三板问世。2013 年 12 月 31 日，全国中小企业股份转让系统正式面向全国受理企业挂牌，宣告新三板正式成立。

新三板是经国务院批准的、由中国证监会监督、由全国中小企业股份有限责任公司（以下简称“全国股份转让系统公司”）运营管理的，面向全国中小企业的一个全国性的交易场所。新三板致力于为中小微企业提供一个股权转让和融资的平台。

新三板可追溯到 2006 年，试点扩展于 2012 年，全国扩容于 2013 年。

新三板致力于为中小微企业提供一个股权转让和融资的平台。

那么，新三板和原来的三板市场（或者说老三板）之间是什么关系呢？

老三板，是相对于新三板而言的。在没有新三板这一名称之前，老三板就是三板市场。

新、老三板之间并不是破旧立新的关系，不是老三板被新三板替代，老三板并没有退出历史舞台；只是在新政策的推动下，新三板扩容的光芒掩盖了老三板的暗淡。

水仙电器：无可奈何花落去，“水仙”能否再逢春

20 世纪 80 年代，正是水仙电器风光无限的年代，水仙牌洗衣机红遍大江南北，几乎无人不知。为了继续延续辉煌，水仙电器开始谋求上市。1993 年 1 月，水仙电器 A 股在上海证券交易所上市，募得资金人民币 1.57 亿元。次年 11 月，水仙电器 B 股也在上交所上市，募得资金美元 2504 万元。

可惜，随着改革的逐步深化，市场经济的不断发展，其他同类企业不断崛起，行业竞争愈演愈烈，而水仙电器却由于合资失败逐渐陷入低迷，最终被债务拖垮。

2001 年 4 月 23 日，水仙电器因连续 4 年亏损被上交所终止了上市资格，成为我国资本市场第一家退市的上市公司。

同年 12 月，水仙电器股票委托申银万国进入当时的代办股

份转让系统（即三板市场）。退守三板的水仙电器变身为“水仙A3”“水仙B3”，继续坚守着。虽然后因坊间传出重组的利好消息，水仙A3的股价一度飙升到7.86元/股，但最终随着重组遥遥无期，很快又跌入0.71元/股的低谷。此后，股价一直起起伏伏，不见起色。

2012年4月，上交所在新发布的退市新规（征求意见稿）中表示，上市公司股票终止上市后，重新达到上市条件的，可以重新申请上市。但截至2011年年底，“水仙”的财务状况并没有出现好转：总资产为2395.39万元，负债总额为10093.14万元，所有者权益合计为-7697.75万元。整个公司处于严重资不抵债的状态。

退守三板已经11年的“水仙”日子过得十分艰难，距离重新IPO的条件相差太远。

“水仙”退出主板市场，既代表了一个知名家电品牌的枯萎，也代表了一家知名上市公司的没落，更意味着众多股东的投资失利。

知识链接

新三板的前世今生

1990年12月5日，全国证券交易自动报价系统（Securities Trading Automated Quotations System，简称STAQ系统）开始运行。STAQ系统是一个基于计算机网络进行有价证券交易的综合性场外交易市场。系统中心设在北京，其主要作用是连接国内证券交易比较活跃的大中城市，为会员公司提供有价证券的买卖价格信息及结算等方面的服务，使分布在各地的证券机构能高效、安全地开展业务。

1992 年 7 月，国家体改委正式批准 STAQ 系统为指定的法人股流通市场。

1993 年 4 月 28 日，央行联合五大银行、人保公司及华夏、国泰、南方三大证券公司共同出资组建了中国证券交易系统（National Exchange and Trading System，简称为 NET 系统）。该系统利用覆盖全国的卫星数据通信网络连接起来的计算机网络，为证券市场的交易提供各种服务。

NET 系统与 STAQ 系统一起，构成了中国当时的场外交易市场，即“两网”。再加上沪、深两个证券交易所，中国形成了“两所两网”的证券交易格局。

2006 年 1 月，北京中关村科技园区建立了非上市股份有限公司股份报价转让系统，全称冗长，名为“中关村科技园区非上市股份有限公司进入证券公司代办股份转让系统股份转让试点”（简称“中关村股份转让试点”），旨在为更多高科技、高成长性企业提供股份流通的机会。

“中关村股份转让试点”虽然也利用了代办股份转让系统现有的网络和技术，但从建立伊始，就肩负着与“两网”不同的使命与职责。在该试点挂牌交易的企业都是高科技企业，并不像“两网”系统那样容纳的多是退市企业。

为了将其与前面所述的三板相区别，该系统被称为“新三板”。随之，以前的三板市场即被称为“老三板”。

2012 年 8 月 4 日，证监会宣布扩大非上市公司股份转让试点。

2013 年 6 月 19 日，国务院第 13 次常务会议决定将全国股份转让系统试点范围扩大至全国。

2013年12月14日，国务院正式发布《关于全国中小企业股份转让系统有关问题的决定》（国发〔2013〕49号），该决定标志着新三板正式扩容至全国，进入一个全新的时代。新三板也正式更名为“全国中小企业股份转让系统”。

新三板在我国资本市场中的地位如何

根据市场组织形式的不同，资本市场可以分为两大类：场内交易市场和场外交易市场。目前，我国的资本市场可分为四个层次（具体如图 2-1 所示）。

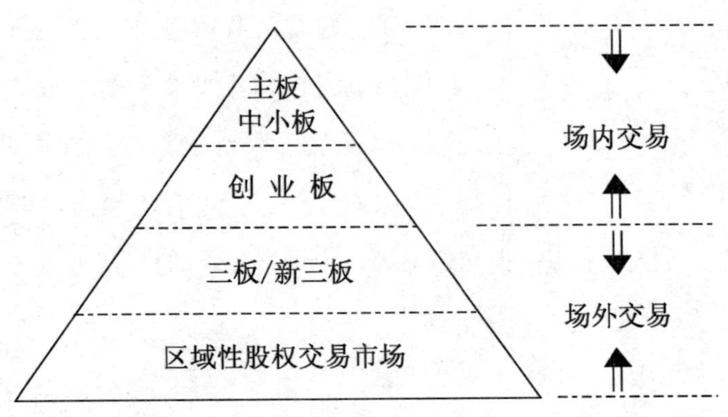

图 2-1　我国的资本市场构成

第一层次：主板（沪、深两市主板）和中小板（深市）；

第二层次：创业板（深市）；

第三层次：三板 / 新三板市场；

第四层次：区域性股权交易市场（四板）。

其中，主板、中小板、创业板属于场内交易市场，而三板 / 新三板、区域性股权交易市场属于场外交易市场。

场内交易市场

1. 主板

主板，或称主板市场，是一个国家企业上市、证券发行和交易的主要场所。就我国而言，主要有上交所和深交所两个主板市场。主板市场对企业上市的相关要求比较严格，一般只有规模较大、盈利水平高且稳定、已经进入发展稳定期的企业，才能够在主板市场上市。

主板市场是我国资本市场的主力军，被视为我国经济的晴雨表。主板市场是国内大型企业的主战场，但也有很多大型企业会选择到海外上市，比如蒙牛、百度等。当然，国内一些大型企业还没有上市，但它们已经成为资本追逐的目标。

主板市场是我国资本市场的主力军，被视为我国经济的晴雨表。

2. 中小板

2004 年，我国在深交所主板市场内开设了中小板市场，主要针对那些上市条件尚未达到主板市场要求的企业。选择在中小板市场上市的企业，主要为规模比主板小、盈利能力强、即将或已经进入成熟期的中小企业。一旦条件成熟，中小板就会成为这些企业登陆主板的通道或者踏板。

3. 创业板

2009 年 10 月，我国创业板正式开板。创业板，也称作二板市场，通常是指主板之外，专门为那些拥有高新技术、具有高成长性的中小企业服务的资本市场。

创业板在深交所进行交易。选择在创业板上市的企业多为自主创新企业及其他成长型创业企业，它们通常成长性特点突出，有一定的规模和盈利能力。“两高六新”[①] 企业是创业板的常客。创业板的建立，旨在为主板市场提供储备资源，可以看作主板市场的“第二梯队”。

场外交易市场

场外交易，是相对于场内交易而言的，也称柜台交易。从理论上讲，场外交易市场是指没有集中统一的交易制度和场所，在交易所场外由交易双方议价形成的市场。

从这个层面上来讲，新三板属于我国的场外交易市场。除此以外，区域性股权交易市场和券商柜台市场也属于场外交易市场。

1. 新三板 / 老三板

三板市场是独立于主板市场、二板市场之外的系统的资本市场层次。新三板虽属于场外交易市场，却是其中层次比较高的一种，其以

① 所谓两高六新，是指高科技、高成长性、新经济、新服务、新农业、新能源、新材料、新商业模式。

全国性的股份转让系统区别于其他地方性的场外交易市场。

2. 区域性股权交易市场

区域性股权交易市场，俗称四板市场，主要是为了各地区的中小微型企业提供股权、债券转让和融资等，也是我国多层次资本市场的重要基础和组成部分。它基本上属于证券投资、融资的私募市场。

区域性股权交易市场，是以非上市国有股权转让或资产转让为主要活动的市场。这种股权交易市场是我国改革开放过程中的产物，是具有中国特色的市场，遍布我国多地，比如上海股权托管交易中心、天津股权交易所等。

目前，我国的区域性股权交易中心遍地开花，几乎一省一家。不过，大部分地方股权交易中心挂牌的企业规模普遍较小、数量也较少，因为有区域性约束，所以交易也比较冷清。

知识链接 **新三板与四板市场的比较分析**

表 2-1 新三板与四板市场的比较分析

项 目	全国股份转让系统（新三板）	区域性股权交易市场（四板）
批准级次及定位	国务院批准设立，面向全国，定位于为全国中小企业提供融资、价值发现、投融资、整合、股权转让的平台	省级政府批准设立的非公开市场，原则上不得跨区域经营，定位于为企业解决股份转让难问题和部分企业融资难问题的平台
审核制度	形式审核制	接近备案制
挂牌条件	较严格（相比于四板而言）	较宽松

（续表）

项　目	全国股份转让系统（新三板）	区域性股权交易市场（四板）
交易制度	允许以集中交易方式进行（包括集合竞价、连续竞价、做市商、电子撮合等）	主要以协议为主，交易方式被限制在一定范围内
能否持续挂牌交易	可以； 实行 T+1 制度，只要有足够的股份和资金就可以持续交易。最小交易单位为 1000 股	不能按照标准化交易单位持续挂牌交易； 实行 T+5 制度
权益持有人人数	经过证监会核准，股东人数可以超过 200 人	任何权益在其存续期间，无论是发行环节还是转让环节，实际持有人累计不得超过 200 人

场内交易市场与场外交易市场的主要区别

第一，交易产品不同。

场内交易市场主要交易的产品是上市公司的股权；场外交易市场主要交易的产品是非上市公司的股权，以及其他金融产品或者金融衍生品。

第二，交易方式不同。

场内交易市场主要采用集中竞价交易制度，场外交易市场一般采取协议转让方式或做市转让方式。

第三，准入门槛不同。

场内交易市场门槛较高，主要针对规模较大的成熟型企业或者高速成长型企业；场外交易市场准入门槛较低，主要针对初创期或成长初期的企业。

第四，信息披露要求不同。

场内交易市场的上市公司需要在证券监管部门、证券交易所、会计师事务所等多方监督下，承担较严格的信息披露义务；场外交易市场的非上市公司信息披露的义务相对较为宽松。

知识链接

美国纳斯达克市场

纳斯达克（NASDAQ），全称为美国全国证券交易商协会自动报价系统，被誉为“全球运作最成功的创业板市场”“美国经济的摇篮”。

纳斯达克市场的核心机制，包括做市商制度、宽松的上市标准、严格的风险控制、灵活的退市制度。这些都是使其成为全球最著名股票交易市场的保障。

我国有很多企业陆续登陆纳斯达克，如2000年的新浪、网易、搜狐，2003年的携程，2004年的盛大网络，2005年的百度，2014年的京东和阿里巴巴。

美国纳斯达克市场1971年成立，设立之初即为场外交易市场。2006年，纳斯达克向美国证监会注册成立为证券交易所。自此，由场外交易市场变成了场内交易市场。

知识链接

美国纳斯达克市场分层

1982年，美国纳斯达克的市场体系被分为了两个层次：

第一层：纳斯达克全美市场体系，即纳斯达克全国市场。全美市场体系汇集了一些优质的、上市标准较高的公司。

第二层：纳斯达克小市场体系，即纳斯达克小额资本市场。小市场体系汇集的是200多家上市条件比较低的小公司。

2006年，美国纳斯达克市场进行了改革。从原先的全国市场中选拔出达到相当规模或影响的企业，组成标准最高的“纳斯达克全球精选市场”；将全国性市场上剩余的公司组成“纳斯达克全球市场”；将原先的小额资本市场改为“纳斯达克资本市场”；同时，纳斯达克还负责托管运行全美证券商协会监管的全国性“场外交易市场”。

新的市场分层更加完善，进一步优化了市场结构，为不同的企业提供了适合的资本市场吸引不同层次的企业上市。

第一层：纳斯达克全球精选市场（Nasdaq Global Selected Market，简称NGS）

这一层是新增加的层次。这个市场对公司的财务性、流通性等方面的要求高于世界上任何其他市场。公司能够列入纳斯达克全球精选市场，就已经被贴上了优质公司的标签。这是一种成就与身份的体现。

第二层：纳斯达克全球市场（Nasdaq National Market，简称NNM）

这一层就是原来的纳斯达克全国市场。这个市场有4400多只股票挂牌，是纳斯达克市场体系中最大、最活跃的市场，也是交易量最大的市场。

在这个市场上市的公司也必须满足严格的财务、资本额及共同管理等标准。这个层次的市场拥有一些世界上的知名大公司。

第三层：纳斯达克资本市场（Nasdaq Small Cap Market，简称NSCM）

这一层就是原来的纳斯达克小额资本市场。这一层市场是专门为成长中的中小企业提供的资本市场。目前有1700多只股票挂牌。这一层次市场的准入财务标准比前面两层低了很多，但是共同管理的标准都是一样的。小额资本公司发展稳定后，可以提升市场层次，进入纳斯达克全球市场。

第四层：场外交易市场（Over the Counter Bulletin Board，简称 OTCBB）

纳斯达克市场通过分层制度，将不同类型的企业放在一个层次中，这样可以极大地激发市场的交易活跃度，也更有利于投资者进行分析判断。资本市场分层管理是一种非常科学的方法。

挂牌新三板需要满足哪些准入条件

我国资本市场不同板块的准入条件

1. 主板的上市条件

主板上市财务性指标：

最近3个会计年度[①]净利润均为正数且累计净利润超过人民币3000万元；

最近3个会计年度经营活动产生的现金流量净额累计超过人民币5000万元，或者最近3个会计年度营业收入累计超过人民币3亿元；

发行前股本总额不少于人民币3000万元；

发行后股本总额不少于人民币5000万元；

最近一期期末无形资产（扣除土地使用权等）占净资产的比例不高于20%；

① 一个会计年度是指从当年的1月1日到12月31日。

最近一期期末不存在未弥补亏损。

主板上市非财务性指标：

持续经营满 3 年；

最近 3 年主营业务、董事、高级管理人员均没有发生重大变化，实际控制人没有变更；

其他非指标性条件。

2. 中小板的上市条件

中小板上市的主要指标和主板是相同的。这样一来，从财务指标上来看，中小企业在市场准入方面并没有受到特别照顾。所以，中小板的门槛对很多企业来说还是非常高的，不能理所当然地认为，中小板就是为所有中小企业准备的。说其门槛低，仅仅是相对于主板来说的。还是有不少中小企业由于不符合中小板的上市条件，不能登陆中小板市场。

3. 创业板的上市条件

创业板上市财务性指标：

最近两年连续盈利，最近两年净利润累计不少于人民币 1000 万元，且持续增长；

或者最近 1 年盈利，且净利润不少于人民币 500 万元，最近 1 年营业收入不少于人民币 5000 万元，最近两年营业收入增长率均不低于 30%；

最近一期期末净资产不少于人民币 2000 万元，且不存在未弥补亏损；

发行后股本总额不少于人民币 3000 万元。

创业板上市非财务性指标：

持续经营满 3 年；

最近两年内主营业务和董事、高级管理人员均没有发生重大变化，实际控制人没有发生变更；

其他非指标性条件。

由上面的上市条件，我们可以看出，相对于中小板，创业板对上市公司财务要求降低了，具体来说，对上市公司的盈利水平、收入水平、现金流水平及资产水平都降低了要求。但是，在现实生活中，创业板的准入门槛依然是比较高的，特别是对公司的成长性要求更高。

4. 新三板的挂牌条件

公司依法设立且存续满两年；

业务明确，具有持续经营能力；

公司治理机制健全，合法规范经营；

股权明晰，股票发行和转让行为合法合规；

主办券商推荐并持续督导；

全国股份转让系统公司要求的其他条件。

由上面的挂牌条件，我们可以看出，新三板挂牌仅要求挂牌公司具备持续经营能力，既没有对公司的盈利水平、持续盈利能力做出要求，也没有对公司的主营业务、管理层和控制人的重大变化做出限制。显而易见，新三板挂牌条件相对于创业板，更加宽松了。这样一来，新三板就为更多的中小企业提供了更低的准入门槛。

知识链接 **我国资本市场不同板块制度简要比较**

表 2-2 新三板、主板 / 中小板、创业板制度简要比较

市场制度	主板 / 中小板	创业板	新三板
上市主体资格	上市公众公司	上市公众公司	非上市公众公司
股东数要求	不少于 200 人	不少于 200 人	可以超过 200 人
存续时间	存续满 3 年	存续满 3 年	存续满两年
盈利指标要求	近 3 个会计年度净利润为正，累计超 3000 万元，净利润以扣除非经常性损失前后较低者为计算依据	近两年连续盈利，净利累计不少于 1000 万元；或近 1 年净利不少于 500 万元，营收不少于 5000 万元，近两年营收增长率不低 30%	具有持续盈利能力
现金流要求	近 3 个会计年度现金流累计超 5000 万元；或近 3 个会计年度营收超 3 亿元	无	无
净资产要求	最近一期期末无形资产占净资产比例不高于 20%	最近一期期末净资产不少于 2000 万元，且不存在未弥补亏损	无
股本总额	公司股本总额不少于 5000 万元	公司股本总额不少于 3000 万元	无
其他条件	持续督导期为上市当年剩余时间及其后两个会计年度	持续督导期为上市当年剩余时间及其后 3 个会计年度	主办券商推荐并持续督导

关于企业挂牌新三板准入条件的进一步解读

1. 依法设立且存续满两年

依法设立，是指按照《公司法》设立，已取得营业执照。

如果是 2006 年 1 月 1 日以前设立（即现行《公司法》修订以前）的股份公司，必须取得相关批准文件。

存续期满两年，是指存续期满两个连续的完整的会计年度。

如果是有限责任公司进行股份制改造的，存续期可以从有限责任公司成立之日算起。

2. 业务明确，具有持续经营能力

业务明确，是指公司能够明确阐述经营的业务、产品或服务等商业信息。

具有持续经营能力，是指公司在可预见的将来能够持续经营下去。

3. 公司治理机制健全，合法规范经营

公司治理机制健全，是指公司按照《公司法》规定设立了“三会一层”的公司治理架构，并有规范成文的公司治理制度。

合规合法经营，是指公司及其关联方，包括控股股东、实际控制人、董事、监事、高管层，在最近两年内不存在重大违法违规行为。

4. 股权明晰，股票发行和转让行为合法合规

股权明晰，是指公司的股权结构清晰、权属清晰，股东持有的股份不存在权属纠纷或争议，特别是控股股东、实际控制人及其关联股东等重要权属不存在争议。

股票发行和转让行为合法合规，是指公司在发行股票、转让股票时符合相关法律法规要求。

5. 主办券商推荐并持续督导

拟挂牌新三板的公司必须经过主办券商推荐，并与主办券商签署《推荐挂牌并持续督导协议》。

6. 全国股份转让系统公司要求的其他条件

新三板挂牌条件带来的三大启示

在上述新三板挂牌准入条件中，“主办券商推荐并持续督导”是一大亮点。该条件我们将放在后面章节详述。综合以上对准入条件内容的解读，我们可以总结出以下几个启示：

1. 无量化财务指标

新三板没有主板、中小板、创业板上市条件中的硬性财务性指标，也没有净利润、营业收入、现金流量、股本总额等指标的定量标准。唯一的量化标准，仅仅是要求公司“依法设立且存续满两年”。这是新三板最吸引企业的地方。

众合医药："三连亏"也能挂牌新三板

2014 年 1 月 24 日，众合医药（430598）在新三板挂牌。

2014 年 2 月 14 日，众合医药披露了 2013 年年报。年报资料显示，2013 年度企业实现营业收入 339.42 万元，净利润亏损 1063.54 万元。亏损原因为企业投入大量资金用于新药研发，研发投入远超对应各期营业收入。

2011 年亏损 13.51 万元，2012 年亏损 1215.76 万元，2013 年亏损 1063.54 万元。就是这样“三连亏”的企业，也能在新三板顺利挂牌，并成功实现了定增。

挂牌后，企业实现了 1.2 亿元的定增，以不低于 9.39 元 /

股的价格发行不超过1277.9万股，获得了在册股东、机构投资者及个人投资者的认购。尽管公司业绩亏损，但仍受到资金的追捧。定增募集资金，将用于药品临床研究、苏州众合产业化基地建设。

案例分析：

1. 生物制药业具有高风险高收益的特征

生物制药企业前期研发周期长、投入资金大，而且一旦研发失败，大量资金投入就会打水漂。不过，一旦研发成功，量产之后带来的收益也是巨大的，而且专利性也保障了高毛利率。投资者正是看中了众合医药未来项目的前景，才愿意为企业现在的亏损埋单的。

2. 新三板的优势显露无遗

新三板没有为挂牌企业设置财务指标门槛。如果像主板、创业板那样设置盈利条件，那么即使再有潜力的企业在达标前都会被拒之门外的。这样一来，不仅不能为企业提供融资渠道，也不能体现企业真正的价值所在。类似于众合医药这样的潜力企业就会“胎死腹中”。

2. 无地域限制，无行业限制

新三板的扩容是全国性的扩容，突破了以前的园区限制。如今，无论是中关村科技园区内的企业，还是全国其他地区的企业，都可以在新三板挂牌。当然，老三板的企业也在范围之内。

新三板挂牌条件也没有限定行业，无论是新兴行业、高科技产业，还是传统行业，都可以挂牌上市。

虽然新三板挂牌条件没有限制行业，也没有企业资产规模、财务指标等要求，但是符合国家鼓励发展的行业在经过主办券商推荐新三板挂牌时，肯定会有一定的优势。

3. 无股东人数限制，无股东性质限制

《全国中小企业股份转让系统业务规则（试行）》第一章第十条规定："挂牌公司是纳入中国证监会监管的非上市公众公司，股东人数可以超过二百人。股东人数未超过二百人的股份有限公司，直接向全国股份转让系统公司申请挂牌。股东人数超过二百人的股份有限公司，公开转让申请经中国证监会核准后，可以按照本业务规则的规定向全国股份转让系统公司申请挂牌。"

新三板点石成金，联讯证券华丽转身

挂牌新三板之前的联讯证券，可以用岌岌可危、生死攸关来形容。

2012 年，联讯证券净利润亏损 5699 万元。2013 年，虽然业绩有所好转，净利润扭亏盈利 806 万元，但在 115 家券商中排名第 97 位。

在证监会发布的 2014 年证券公司分类结果公示中，联讯证券的排名更是被连降三级，由 BBB 直接降为 CCC，处于勉强及格状态。降级，不仅意味着联讯证券缴纳证券投资者保护基金的比例大幅增加，还会严重影响公司业务。降级无疑是雪上加霜，直接将联讯证券推到了"生死存亡关口"。如果评级再降，沦落为 D 级，就会被采取风险处置措施。

在这样的背景下，2014年8月1日，联讯证券挂牌新三板。

联讯证券在新三板的成长，可以用一系列的“第一”来见证：第一家在新三板实现融资的证券公司、第一家实施股票做市转让的证券公司、第一家推出全员持股计划的证券公司。此外，它还是新三板做市商数量最多的挂牌公司、新三板现金融资规模最大的挂牌公司。

成功挂牌后，联讯证券通过2014年10月和12月两次定向增发，以不到400万元的融资成本，募集资金40亿元，注册资本从5亿元一下增至32亿元，净资产从最初的6亿元增长到47亿元，行业排名也从第97位上升到第30位。此外，联讯证券还大力推行员工持股计划，开创了券商实施股权激励的先河。

2015年1月30日，14家券商争相成为联讯证券的做市商，做市商数量打破新三板纪录。

眨眼间，联讯证券就成为新三板市场乃至整个资本市场上的一颗冉冉升起的明星。

案例分析：

联讯证券能否在垂死边缘起死回生，关键就在于资金。糟糕的财务业绩，使得联讯证券通过正常的融资渠道解决资金问题变得很艰难。那么，如何才能获得“救命钱”呢？这时，挂牌门槛低、手续简便的新三板给绝望中的联讯证券带来了希望。事实也充分证明了这一点。

挂牌新三板后，联讯证券不仅通过两次定增募集到了企业发展需要的资金，而且也实现了业绩的高速增长。2014年，联讯证券实现营业收入5.6亿元，净利润8100万元，几乎是2013年同期的 10 倍。另外，在经纪业务持续增长的同时，资产管理、固定收益、融资融券等业务的发展也是突飞猛进。

新三板的低门槛准入制度，极大激发了全国中小企业在登陆新三板的热情，也极大激发了新三板市场的繁荣发展。2014 年伊始，新三板的挂牌企业数量就呈井喷式递增。

知识链接 **三板/新三板简史**

1992 年 7 月，国家体改委批准全国证券交易自动报价系统 STAQ 为指定的法人股流通市场。

1993 年 4 月，NET 系统正式开通。

STAQ 系统与 NET 系统一起构成了我国当时的场外交易市场，简称为“两网”。

1993 年夏，法人股交易繁荣，随后不久变冷。

1999 年 9 月，在中国证券市场整顿过程中，“两网”正式停止运营，“两网”股票暴跌。

2001 年 6 月，中国证券业协会发布《证券公司代办股份转让服务业务试点办法》。

2001 年 7 月 16 日，代办股份转让系统正式开板，简称为“三板市场”。

2002 年下半年，三板市场对自然人投资者开放。

2003 年年初，三板市场出现短暂繁荣的局面。

2003 年年底，北京市政府与科技部联合向国务院上报《关于中关村科技园区非上市股份有限公司进入证券公司代办股份转让系统进行试点的请示》。

2005年10月，“试点”实施方案获得国务院批准。

2006年1月16日，“试点”正式启动。

2006年1月23日，两家中关村高新技术企业进入代办股份转让系统挂牌，标志着新三板市场正式形成。

2012年8月3日，中国证监会宣布扩大非上市股份公司转让试点。

2012年9月7日，中国证监会与北京市、上海市、天津市、湖北省四地政府分别签署了新三板扩大试点合作备忘录，新三板实现局部扩容。

2012年9月20日，全国中小企业股份转让系统有限责任公司（以下简称“全国股份转让系统公司”）在国家工商总局注册成立。

2013年1月16日，全国股份转让系统公司正式揭牌运营。自此，新三板由“中关村股份转让试点”变更为“全国中小企业股份转让系统有限责任公司”。

新三板挂牌股票的交易场所是全国股份转让系统，其注册地设在北京市西城区金融大街金阳大厦。

2013年12月14日，《国务院关于全国中小企业股份转让系统有关问题的决定》（国发〔2013〕49号）正式颁布，标志着新三板正式扩容至全国范围。

2013年12月30日，全国股份转让系统公司开始正式面向全国受理企业的挂牌申请。

2014年5月19日，新三板启用新的证券交易及登记结算系统，由深交所提供技术支持的原代办股份转让系统下线，原由中国结算深圳分公司运维的全国股份转让登记结算系统切换至中国结算北京分公司。所以，2014年5月19日之前已经挂牌的企业仍沿用代码为43开头的证券代码，而5月19日之后挂牌的公司证券代码以83开头。

2014年8月，新三板启动做市商制度。

挂牌新三板对经营、投资各方有何意义

对企业的意义

1. 解决融资难问题

融资难一直是困扰我国中小企业发展的大问题。通常情况下，它们所能采取的融资途径，主要包括原始股东投入、银行贷款、私人借贷这几种。单纯依靠原始股东的自身累积，企业发展速度是很缓慢的；银行贷款往往会因为中小企业缺乏优质抵押品出现贷款难、贷款贵的问题；而私人借贷也并不是适用于所有中小企业的。

新三板不仅可以为中小企业提供股权直接融资，也可以为中小企业提供债权融资。它可以说是为中小企业量身定制的，“小额、快速、按需”的特点也非常契合中小企业的融资需求。资本的有力支撑，可以帮助中小企业在成长的过程中，尤其在企业发展的关键节点，突破瓶颈，踏上一个新台阶。

2. 增加股份流动性

新三板挂牌企业的股票，可以在全国股份转让系统公开转让，这大大增加了该企业股份的流动性。做市商制度的启动，更是提高新三板股份流动性的有利举措。

3. 促进企业完善公司治理结构

企业在新三板挂牌之前，必须进行股份制改造。股份制改造使中小企业的公司治理结构更加完善，拥有了“三会”，即股东大会、董事会和监事会。中小企业的股份制改造一般是在主办券商和各中介机构，包括律师事务所和会计师事务所的共同参与下进行的。在这个过程中，企业的各项内部控制制度和业务流程能够得到有效的梳理。这对于中小企业的公司治理结构的完善起到了促进作用。

4. 拓宽进一步融资渠道

成功挂牌后的企业，可以借助新三板这个资本平台进一步扩展自己的融资渠道。比如，可以通过发行公司债券、发行优先股等方式进一步增加融资的方式和渠道；还可以通过资本运作，进行企业并购行为。这些方式都能够对中小企业的快速成长壮大起到积极作用。

5. 树立企业形象

企业在新三板挂牌就需要满足新三板对挂牌企业持续进行信息披露的要求。中小企业需要通过指定的媒体持续向社会公众披露企业的相关信息。这对中小企业扩大知名度、扩大影响力、树立优质企业形象至关重要。

中小企业在新三板挂牌，会受到证监会等监管机构的监督管理，无形之中会大大增加企业的信誉度，对企业的各个方面也会产生积极的影响。

6. 体现企业的市场价值

挂牌新三板之后，企业的价值可以通过公开的资本市场的二级市场交易充分体现出来。这样一来，不仅可以提升风险投资者对中小企业的估值水平，也便于中小企业发现自身价值和在市场中进行准确定位。

7. 使中小企业进入主板成为可能

新三板的低门槛使得中小企业可以更便捷地进入资本市场，但是对于发展速度比较快、发展态势比较好的挂牌企业来说，新三板可能并不是它们的最终归宿。也正是考虑到这一点，新三板还为企业提供了转板渠道。当挂牌企业发展到一定阶段，符合创业板、中小板或者主板的上市条件时，企业就可以转板进入主流资本市场了。

世纪瑞尔：新三板成功转板第一股

2010 年 12 月 22 日，世纪瑞尔（300150）登陆深交所创业板。此次发行 3500 万股，发行价为 32.99 元 / 股，当日最高价达到 60.92 元 / 股，最低价为 57.18 元 / 股。上市首日收涨 80.05%，全天换手率达到 86.31%，动态市盈率为 119.71 倍。

世纪瑞尔成立于 1999 年，是一家致力于工业监控产品和解决方案的研究和开发的高新技术企业。其产品覆盖了轨道交通、石油石化、能源电力、智能建筑等众多领域，为相关企业提供过程自动化监控和综合信息处理等方面的技术支持，并在此基础上提供各种应用解决方案。

2006 年 1 月 16 日，经国务院批准，证监会批复同意中关村科技园区非上市股份有限公司进入证券公司代办股份转让系统进行试点。经申银万国推荐，世纪瑞尔和中科软两家企业有幸成为首批试点企业。

2006 年 11 月，世纪瑞尔就曾提交过登陆中小板的 IPO 申请，拟转入中小板，后因时机不成熟主动撤回了申请。

时隔 4 年，世纪瑞尔成功登陆创业板，成为第一家冲刺创业板并成功转板的企业。世纪瑞尔的成功不仅为其他新三板挂牌企业带来了示范效应和正能量，也为新三板带来了春天的气息。

对投资者的意义

新三板不仅为中小企业提供了一个融资的舞台，也为各类投资者提供了一个投资的舞台。

全国股份转让系统成立后，挂牌企业的范围扩展到了全国，不限所有制、不限行业、不限企业类型。这些都为企业带来了机遇，也为风险投资者带来了机遇。当然，机遇的另一面则是风险。新三板的投资者既有机构投资者，也有个人投资者，但由于目前对新三板实施投资者适当性管理原则，所以对二者均存在一定的限制。

除去必要的机遇和风险考虑之外，新三板还为机构投资者和个人投资者带来了现实的利好。新三板成为机构投资者一条新的有效退出途径，可以大大降低股权投资的风险。同时，新三板也为企业的股东和高管层提供了退出途径。

对券商等机构的意义

新三板实行主办券商持续督导制度。主办券商在中小企业挂牌新三板的过程中扮演了一个非常重要的角色。对挂牌企业进行督导，不仅可以给主办券商带来业务收入的增长，还可以帮助主办券商不断进行业务创新与业务融合。具体内容见后面章节详解。

对私募股权投资的意义

多年来，我国的私募股权投资一直发展良好，总体上呈现重PE轻VC的特征。也就是说，大部分私募股权基金都将关注点放在处在高速成长期或者已经处在成熟期的企业，对企业所处行业、资产规模、盈利水平和增长速度都有着自己的一套选择标准。而对于很多中小企业来说，这些标准只能让它们徘徊在资本门外。如果一家企业已经脱颖而出，就会出现众多私募股权基金追逐一家企业的现象，但更多处在发展初期的企业却不会被关注到。

在这样的背景下，新三板市场的扩容，不仅为广大中小企业带来了全新的融资平台，也为众多的私募股权投资基金带来了一个全新的投资平台和退出渠道。新三板成为沟通资本和融资需求的一个新渠道。

世纪瑞尔成功转板离不开私募股权投资机构的资金支持

在世纪瑞尔完美晋级的征途中，推动其成功转板的资本力量引人关注。

2006年4月，启迪创投向世纪瑞尔投资人民币200万元。

2009年8月，启迪创投、国投高科、清华大学教育基金会共同认购世纪瑞尔定增新股，三家投资共计达到人民币6090万元。世纪瑞尔的发展背后，一直有着值得信赖的强大资本后盾。

世纪瑞尔成功登陆创业板之后，截至2014年2月，还有8家新三板挂牌公司相继成功转板至主板或创业板，包括北陆药业、久其软件、博晖创新、华宇软件、佳讯飞鸿、东土科技、粤传媒、安控科技。

世纪瑞尔带给市场的不仅仅是转板的示范效应，还有另外一种示范效应，那就是各种以创业投资为主的投资机构会将焦点集中在新三板市场。新三板市场势必会成为各种投资机构新的掘金之地。

私募股权投资的准则之一是“以退为进，为卖而买”。在决定投资之前，私募股权投资机构会先设想好一条优选顺序的退出途径。一般来说，投资机构的退出途径包括上市、并购、回购、清算几种。其中，上市是它们最喜欢的退出方式，也是投资机构和企业实现双赢的方式。如果私募投资机构采用并购、回购、清算这些方式退出，从某种程度上来说，该项投资就是失败的。事实上，无论是主板（包括中小板）上市，还是创业板上市，都不是一件容易的事。众多企业采用红筹模式在海外上市，就从侧面说明了这个问题。

对资本市场的意义

新三板的建立，大大完善了我国资本市场的结构，为我国资本市场格局的健全奠定了坚实的基础，为我国场外交易的发展指出了方向，也为我国多层次资本市场的发展提供了经验。新三板不仅能够解决中小企业融资难、民间资本投资难的问题，还为整个社会资源的有效配置提供了一条解决途径。

任何一个国家的资本市场都应该是多层次的，只有多层次的资本市场才能够适应不同类型、不同规模企业的融资需求。

纵观国外资本市场的发展，由场外交易市场发展为场内交易市场（如纳斯达克市场就是由场外交易市场发展为场内交易市场的），场内和场外交易市场相互连通、相互融合、互为补充，这样的资本市场格局才是完善的。

然而，中国的资本市场是由场内交易起步的，而场内交易市场具有较大的同质性。比如，主板与中小板的准入门槛几乎没有区别，中小板和创业板也具有极大的同质性。场外交易比较薄弱，资本市场呈现明显倒置的现象……这些问题都构成了多层次健全资本市场发展的阻碍，而如此不健全格局的资本市场是很难发挥出国民经济晴雨表功能的。

中小企业融资难是长期困扰我国经济发展的问题，也是理论界和实践界一直在苦苦探索希望可以突破的一个热点问题。如今，新三板被正式命名为“全国中小企业股份转让系统”，充分说明了新三板定位的原则（即为中小企业提供融资平台）和新三板的功能（即为中小企业融资难提供缓解之路）。

新三板扩容至全国，必将成为我国资本市场发展的里程碑。

CHAPTER

第三章

挂牌企业需要接触怎样的“朋友圈”

- 政府
- 挂牌企业
- 私募股权投资机构
- 券商
- 个人
- 公募基金和阳光私募
- 主板上市公司
- 信托

对于新三板这座蕴藏无限机会的“金矿”，无论是经营者，还是投资者，都在抢滩。要从中挖掘属于自己的宝藏，了解新三板的“朋友圈”是非常必要的。

昔日门可罗雀的老三板已经渐行渐远，新三板在各种政策利好的驱使下，成功实现扩容，其发展呈星火燎原之势。对于新三板这个风生水起的资本蓝海，对于新三板这座蕴藏无限机会的“金矿”，无论是经营者，还是投资者，都在各显其能，抢滩新三板。新三板俨然成了一块价值洼地，一座孕育无限机会的宝藏。如何才能在这块价值洼地满载而归？如何才能从中挖掘出属于自己的宝藏？这就需要我们先了解围绕新三板形成的“朋友圈”。

政 府

中央政府

毋庸置疑，是中央政府搭建了新三板平台。中央政府希望市场发挥决定性作用，新三板被寄予成为中国版纳斯达克的厚望。

自改革开放以来，30 多年的努力取得了巨大成就，我国迅速成为世界经济大国，GDP 也跃居世界第二位。但 GDP 只能代表一个国家的经济规模，不能代表经济质量和实力。我国过去 30 多年的经济增长大多数时候属于粗放式增长，是以对自然环境的破坏性开发为代价，在人口红利基础上取得的，科技含量、创意含量不高。现在讲的“新经济、新常态”，就是指我国经济需要高科技、需要创新，用科技创新来换取未来所需要的自然资源和廉价劳动力资源。

除去科技创新，资本市场的发展也相当重要。我国资本市场发展已有 20 多年的时间，其间有成绩，也有不尽如人意的地方。目前，我国已经形成四级市场机制，为资本发展提供了良好的渠道。只是沪、深两市的上市公司大都是煤炭、石油和化工等传统企业，互联网、高科技企业很少；对大部分中小企业来说，中小板的门槛几乎像主板一样高；创业板建立的初衷也没有实现，能在创业板登陆的企业也只占中小企业中的很少一部分……这一切都打乱了资本市场的内在逻辑。

中国资本市场不仅门槛高，而且门缝太窄。就拿创业板来说，2009年开板，历经5年时间才拥有480多家上市企业，大约平均每年也就80多家，平摊到每个省，一个省每年才能上两家，远远不能满足中小企业的融资需求。

针对以上种种问题，2013年国务院第13次常务会议决定将全国股份转让系统试点范围扩大至全国，随后证监会制定了相关工作方案。这次新三板的全面扩容是贯彻党的十八届三中全会精神、发挥市场在资源配置中起决定性作用的具体体现，也是推进金融市场化改革、健全现代金融体系的国家战略部署。

新三板的出现，会使得早期投资与创业、资本市场直接联动，并促进PE和VC进行转型。相应地，一级市场投资前端化发展就成了一种必然。

地方政府

对于企业挂牌新三板，各级地方政府基本上都是持支持态度的。

企业是市场的主体、产业的载体，一个地区企业的数量多少、规模大小、结构优劣是该地区经济发展的动力和竞争力，也是衡量一个地方经济发展水平的重要标志。企业通过资本市场融资，对于做大做强企业和产业，增强区域经济竞争力，具有十分重要的意义。

一个地方企业上市的数量，体现了这个地方的经济活跃程度和竞争能力。虽然在新三板挂牌不是真正的上市，但企业通过新三板同样可以达到融资、可持续发展等目的，对地方经济存在一定的促进作用。因此，各级地方政府对拟挂牌新三板的企业基本上都是持支持态度的。

随着新三板的扩容，全国各级地方政府都积极“备战”，纷纷出台各种优惠政策。为了鼓励企业挂牌新三板，政府对于挂牌成功的企业给予几十万元到几百万元不等的补贴。以大连高新区为例，该地新三板挂牌企业能够得到的政府财政补贴高达 290 万元。在某些补贴力度大的地区，企业甚至可能实现零成本改制或零成本挂牌。

除了提供挂牌补贴，地方政府可以做的还有很多，比如，提供配套服务，加大政策倾斜程度和鼓励措施，特别是税收、财政等方面的政策。另外，还应该积极引导金融机构体制创新，金融产品创新，扩大对新三板拟挂牌企业的贷款规模和比重，不断激发中小企业的挂牌热情。这种区域性的补贴，使得新三板挂牌企业呈现出区域性分布的特点。

地方政府成为中小企业的强大后盾，鼓励这些准备挂牌新三板的中小企业，让中小企业主体会到“不是一个人在战斗”！

目前，地方政府给予一定的补贴刺激企业挂牌还是必要的，但补贴不会一直存在下去，未来下调或成趋势。随着新三板制度的不断完善，新三板应该依靠自身的融资功能和先进的交易制度来吸引优质企业。

挂牌企业

对于大部分中小企业来说，登陆新三板是一次历史性的发展机遇。

新三板给了中小企业一个没有财务门槛的全国性市场，还配套了A股可以实现的全部融资功能，是专门针对广大中小企业，特别是民营企业，提供的股权交易平台。

中小企业应该抓住这一历史性机遇，抢先挂牌新三板、实现融资，在竞争对手做大之前先壮大自己，并在壮大自己的同时并购同业。如果被竞争对手抢占了先机，企业就会处处被动，甚至被竞争对手收购。随着新三板挂牌企业的激增，相信会通过资本市场纽带掀起一场行业整合的浪潮。

我们常说中小企业融资难，到底难在哪些方面呢？一是信息不对称，投资方和融资方（中小企业）需要有一个全国性的公开信息平台来了解相互的需求；二是价格谈不拢，股权融资难点是估值和定价，这也是企业与投资方很难谈拢的原因。目前，资本市场主要是通过签订对赌协议的方法来降低投资方的风险，但这种对协议可能会对融资方不利，其具体表现就是融资方可能丧失企业的控制权。

新三板同时具备这两项功能，它通过全国股份转让系统持续披露挂牌公司信息，可以帮助投资者充分及时了解中小企业的信息；通过设置的交易制度，通过公开转让和交易，可以实现中小企业的估值和定价。

资质不佳的中小企业融资难，是必然难，因为投资它们会有更高的风险。要解决中小企业融资难的问题，首先应该解决优质的中小企业融资难的问题。

私募股权投资机构

私募股权投资机构的成员可谓来自四面八方，除了一直走在投资方向前端的 PE 机构和 VC 机构，还有资产管理公司。

2009 年、2010 年，堪称全民 PE 的时代，符合 IPO 的企业基本上都被私募股权投资机构收入囊中。

2012 年、2013 年，IPO 的关闸导致整个私募行业一片哀鸿，私募投资暂时进入了低潮期。

2014 年、2015 年，新三板市场的火爆带动了私募行业，整个私募行业再度春暖花开。

由于政策的鼓励，新三板对于私募股权投资机构基本上是无限放开的。私募股权投资机构可以接触到新三板市场的任意一个环节。简单来说，私募股权投资机构可以玩转新三板整个产业链。

鉴于私募股权投资机构都是“为退而投”，从“退”的角度来看，私募股权投资机构可以在企业挂牌前投入，挂牌后退出；可以协议转让投入，做市交易退出；可以首次做市交易介入，再次做市交易退出；

如果企业有机会转板，还可以在转板时退出。

私募股权投资机构还可以把自己挂牌到新三板。也就是说，整个新三板，从一级发行市场，到二级转让市场，私募股权投资机构可以参与到新三板的各个环节中。

具体来说，私募股权投资机构参与新三板的方式主要有以下几种：

直接投资

对企业进行直接的股权投资，是私募股权投资机构的老本行。私募股权投资机构既可以投资未挂牌新三板的企业，也可以投资已挂牌新三板的企业；既可以投资采用协议成交方式的企业，也可以投资采用做市成交方式的企业。

同主板、中小板等其他市场相比，企业挂牌新三板花费时间少，成功概率高。再加上各种政策上的利好，使得进行前期股权投资的私募股权投资机构退出的概率大大增加。另外，随着做市交易的推出，新三板市场变得越来越活跃，私募股权投资机构的退出时间也会逐渐缩短。

在以登陆 A 股为目标的 PE 投资中，私募股权投资机构是以满足 IPO 为标准来审视企业财务状况和利润情况的。在以登陆新三板为目标的 PE 投资中，私募股权投资机构可以不用紧盯利润，而需要放眼考虑企业增长率、行业排名等更多方面的内容，对拟投资企业进行再次排查，从而筛选出更多可投资的潜力企业，在其挂牌前低价买入该企业的股票，以谋求高额回报。

不过，业内也有不同的声音：有专家认为新三板不是一个成熟的退出渠道，PE 通常不会选择把企业送上新三板而直接退出。由于目前新三板换手率不高，不能通过转让溢价获得投资收益，退出的最佳时点是在企业转板 IPO 后。

定增

以定增方式进入企业也是私募股权投资机构进行投资的好时机。私募股权投资机构可以充分利用挂牌机制的净化作用，在企业定增时介入。

虽然新三板的挂牌门槛远远低于 IPO，但新三板要求企业规范自身的制度和财务，这有助于排除中小企业存在的诸多隐形问题，达到“局部排雷”的效果，并在某种程度上解决了信息不对称的问题。

目前，PE 参与新三板定增主要有两种方式：一种是普通的定增方式，另一种是允许基金的 LP（有限合伙人）以其持有的公司管理的基金份额作为出资来换取股份。中科招商、九鼎投资都采用了后者。

目前，PE参与新三板定增主要有两种方式：一种是普通的定增方式，另一种是允许基金的LP（有限合伙人）以其持有的公司管理的基金份额作为出资来换取股份。

为挂牌企业提供产业链服务

私募股权投资机构不仅向企业提供资金，还可以向企业提供先进的管理理念，以有效地改善公司治理结构。此外，它们可以帮助企业建立和健全财务制度，帮助企业发现更多的机会，帮助企业拓展更多上下游的客户，帮助企业吸引高级人才。

为自己投资的企业提供后续产业指导，提供后续融资，开拓国内外市场，助推企业成长，也是私募股权投资机构的功能之一。

做市

新三板正在酝酿做市商扩围，允许私募股权投资基金、风险投资基金等机构成为做市商。除了向 PE、VC 等扩围，做市商还有可能扩展到资产管理公司、基金公司等金融机构。

为散户提供参与新三板的通道

由于新三板目前存在投资者适用性管理规定，即便满足了两年以上投资经验的要求，不少散户也会被 500 万元的开户门槛拒之门外。于是，私募基金便成为连接散户与新三板的资本纽带。尤其当公募基金产品的推出尚无细则时，私募基金便成了散户参与新三板的最佳通道。

一些资深的 VC/PE 机构，比如启迪创投、深创投、九鼎投资、达晨创投、东方富海等，早已在新三板中布局，其手中的挂牌企业不少于百家，不过其中存量项目占比不少。

除了资深机构，一些新晋 VC 势力也在崛起，比如近期比较活跃的天星资本、凤博投资等，这些创投机构主要围绕新三板主题开展投资行为，或在企业挂牌之前进入，或在挂牌之后参与。

挂牌新三板

事实上，即便是私募股权投资机构本身，只要满足新三板挂牌条件，也是可以在新三板直接挂牌的。

在国外，PE 机构上市并不少见，但在我国，这种情况并不多见。

PE 机构挂牌新三板，成为阳光化的公众公司，还是具备诸多意义的。

九鼎投资：新三板 PE 机构第一股

在前些年的全民 PE 浪潮中，九鼎投资脱颖而出。2009 年 10 月，九鼎投资的吉峰农机和金亚科技成为首批 28 家登陆创业板的企业，让九鼎投资一夜成名。随后，九鼎投资凭借独特的“PE 工厂化”模式进入了发展的快车道。2011 年和 2012 年，九鼎投资成为国内最活跃的 PE 投资机构之一，多次被行业机构评为最佳 PE 投资机构。

作为一家民营 PE 投资机构，九鼎投资一直以野蛮成长的姿态为外界所关注。短短 5 年多的时间，它从一只规模只有 1.76 亿元的基金，发展到管理累计超 200 亿元、投资项目超过 200 个的大型 PE 投资机构，大有势不可当之势。

2014 年 4 月，九鼎投资（430719）成为首家登陆新三板的 PE 投资机构。同年 7 月，成立国内首家 PE 系公募基金，这也是九鼎投资在挂牌新三板后以大资管（即将资产托管给机构去管理）布局的亮相。

自挂牌以来，九鼎投资的成交量和成交额连续领先整个新三板。截至 2014 年 6 月，公司总资产达 103.72 亿元，净资产达 69.75 亿元。2014 年上半年实现利润总额 5214.26 万元，净利润 4462.13 万元，同比增长分别为 424.54% 和 377.72%。

截至 2014 年 12 月 31 日，公司管理私募股权基金总规模为 310 亿元，实缴规模 214 亿元，公司管理私募股权基金所投资的项目已经完成退出（不含已上市但尚未退出的项目）36

个，退出金额38亿元，该36个已经退出项目的综合IRR[①]为31.9%。

九鼎投资以Pre-IPO项目为主，采用流程化、工厂式的做法，采用人海战术到全国各地找项目，并按照证监会发审委的标准筛选企业，符合上市条件就投资。然而，投资Pre-IPO项目，虽稳赚不赔，但如果遭遇A股IPO关闸，饱受煎熬的是排队上市的企业及企业背后的PE机构。

2014年4月29日，九鼎投资挂牌新三板，同时进行定增。此次定增对象主要分为三类：第一类是九鼎投资的中高管，第二类是九鼎投资的LP，第三类是九鼎投资新增加的战略合作伙伴。在上述定增对象中，绝大部分是九鼎投资的LP。对九鼎投资而言，此举实质上是一次将LP变为股东的新尝试。

九鼎投资在挂牌同时定增方案为：本次股票发行的对象共138名，其中公司30名、合伙企业9名、自然人99名，定增对象中包括不少LP和高层。向7名原股东发行股份450530股，向131名新股东发行股份5347460股。这次融资规模为35.37亿元，发行完成后总股本1829.8万股，总资产42.15亿元，净资产36.4亿元。对于610元/股的超高发行价，九鼎投资在定增报告书中解释为：发行价格较高是因为公司股本较小。

与九鼎投资神奇的成长经历相媲美的，还有它创造的新三板神奇股价。

挂牌以来，九鼎投资创出了最高价850元/股、最低价610

---

① IRR即Internal Rate of Return，意为内部收益率，是资金流入现值总额与资金流出现值总额相等、净现值等于零时的折现率。它是一项投资渴望达到的报酬率，该指标越大越好。

元/股的“天价”，堪称高价股中的“战斗机”。然而，在5月26日，股价直接蹦极，直接卖出1元/股的“白菜价”。5月27日盘后数据显示，九鼎投资当天的成交金额为4606.10万元，成交均价548.35元/股。总共成交5笔，其中一笔以800元/股成交，两笔以610元/股成交。此外便是两笔成交价为1元/股的交易，其中一笔成交1万股，另一笔成交1000股。

盘后，九鼎投资在股权系统公告了这两笔“白菜价”的成交双方：转让方均为刘根东，受让方均为蓝学洲，两人均非控股股东、实际控制人，亦非公司董事、监事、高级管理人员，但两人均是公司股东，其原来身份均为九鼎投资旗下基金的LP。

案例分析：

1. 九鼎投资为何挂牌新三板

在大众眼中，PE投资机构一向都很神秘。而挂牌新三板意味着成为公众公司，进入没有隐私的状态。既然如此，为什么九鼎投资要挂牌新三板呢？这是因为，在野蛮成长的同时，九鼎投资也累积了一些问题：摊子铺得太大，投资的项目太多，退出的太少，LP迟迟不能获得回报，公司承受的退出压力太大。不过，缺少资金还是九鼎投资挂牌新三板的主要原因。

当然，九鼎投资挂牌新三板也是转型的一种需要。挂牌新三板，提高知名度，融入更多资金，才可以开拓新业务、增加投资品种。即使拿到了公募基金牌照，但是想为以后的公募及资产管理业务做准备，实现大资管布局，也需要有原始资本才行。

2.LP 为何要成为九鼎投资的股东

定增方案将 LP 份额置换成公司股权，将 LP 转化成股东，也是九鼎投资的一项创新。

九鼎投资的主要收入为基金管理费，而非项目管理报酬。一旦 LP 成为公司股东，就可以享受基金管理费的这部分收益。将部分 LP 利益置换成上市公司股权，不仅增加了股权的流动性，也为 LP 退出增加了新渠道。

3. 九鼎投资的股价为何坐上过山车

“天价”和“白菜价”均不构成违规，因为九鼎投资采用的是协议转让方式。1 元 / 股的成交应是协议转让。按照新三板的协议转让制度，买卖双方必须在场外自由对接达成协议后再通过系统报价成交；或者有意向转让的一方先把转让信息上报到交易系统，由交易系统给出成交订单号码，然后再向市场公示，以此寻找意向受让方。虽不算违规，但还是会对成交价格体系造成一定的干扰。

4. 九鼎投资挂牌新三板的意义

新三板定位为资本引入和退出的平台，九鼎投资作为 PE 投资机构更加凸显了其资本融通的功能。一家优质的 PE 投资机构（资本）应该兼具金融和产业两种特色，即以金融资本的方式募集、管理和考核，以产业资本的方式运作、投资和经营。

并购也正逐渐成为 PE 投资机构退出的一个重要通道。九鼎投资的做法是，针对已投的企业，以一家主要企业为平台，通过增资方式（股权或债权）整合上下游企业，帮助企业通过并购逐步做大；也可以采用定增甚至大宗交易参股上市公司，再协助其实施产业整合并购（被并购的对象可能包括已投企业）实现退出。

券 商

新三板券商分类

券商是新三板不可或缺的主角之一。

新三板的券商大致分为两类：主办券商、做市券商。

主办券商

新三板挂牌企业均需要有券商推荐挂牌并持续督导。推荐企业挂牌新三板并在其后进行持续督导的券商就是主办券商。

一家挂牌企业只有一家主办券商。一家挂牌企业如果采用做市交易方式，则需要两家以上的做市商。挂牌企业的主办券商也可以成为其做市商之一。

做市券商

做市券商，简称为做市商（Market Maker），就是获得做市资格、负责做市的证券交易商。

做市商制度，就是在场外交易市场上，由具有一定实力和信誉的证券交易商担任做市商，由做市商不断向投资者报出某些特定挂牌企业股份的买、卖价格（即双向报价），并在该价位上接受投资者的买卖要求，以其自有资金和股份与投资者进行股份交易的一种制度。买卖双方不需等待交易对手出现，只要有做市商出面承担交易对手方即可达成交易。

新三板的做市商，要在全国股份转让系统中持续向投资者发布买卖双向报价，并在报价的价位和数量范围内履行和投资者成交的义务。投资者根据做市商的报价决定是否买卖，但投资者之间不能交易。

通俗地说，就是做市商通过专业研究给一家企业估值后，自己出资买下股份，再卖给投资人，赚取差价。为确保报价公正，现有制度规定每家挂牌企业需要至少有两家做市商。由于不少新三板挂牌企业属于高科技企业，这类企业的信息披露普通的投资者很难看懂，而做市商凭借专业优势，可以直接告诉投资人企业股份的估值。而且由于做市商是真正“拿钱说话”的，所以也相当于为企业进行信用背书，更容易博得投资人的信任。

在美国，在纽约证券交易所做市的被称为专家（Specialist），在纳斯达克做市的被称为经销商（Dealer）。在香港，做市商被称作证券庄家。

2014 年 8 月，新三板启动做市商制度，即由两家以上做市商为挂牌公司提供做市报价服务。做市商制度被视为我国资本市场交易方式的最大突破，也是新三板与沪深主板、中小板及创业板最根本的区别之一。著名的美国纳斯达克市场采用的就是做市商制度，这也是新三板有“中国版纳斯达克”之称的原因之一。

做市商需具备的条件

证券交易商需要满足多方面的要求才能够成为做市商：在资金方面，要具备雄厚的资金实力；在信誉方面，要具备很好的商业信誉；在专业背景方面，要具备行业相关的业务背景。

在我国，证券公司申请在新三板从事做市业务，应当具备全国股份转让系统规定的条件，具体如下：

具备证券自营业务资格，也就是说，证券公司不能仅仅具备证券经纪资格，还需要具备证券自营业务资格；

设立做市业务专门部门，配备开展做市业务必要的人员；

建立做市股票报价制度、库存股票管理制度、做市风险监控制度等相关做市制度；

具备符合全国股份转让系统公司要求的做市交易技术系统；

全国股份转让系统规定的其他条件。

知识链接

做市商不等于"坐庄"

所谓庄家，是指低价位建仓，拉高出货，赚取差价。

比如，在 20 元 / 股的价位时大量建仓，拉高到 50 元 / 股出货，每股赚取 30 元的差价。

做市商是透明的，是为了活跃市场交易而做市的。做市商在任何一个价位上都是双向报价的，而且报价差不能超过 5%。

沿用前例，做市商拿筹码时是 20 元 / 股，但最高只能在不超过 21 元 / 股时卖掉，每股赚取 1 元钱的差价。

就像庄家不是谁想当就当的一样，做市商也不是只要是券商就可以做市的。

《全国中小企业股份转让系统做市商做市业务管理规定（试行）》规定：“证券公司在全国股份转让系统开展做市业务前，需向全国股份转让系统公司申请备案，获得批准同意后按要求完成做市技术系统测试并达到上线条件，完成开立做市专用证券账户、做市专用交易单元等后续工作方能从事做市业务。”

券商在新三板的利润来源

券商从新三板业务中取得的收入主要来源于三个方面：

第一，挂牌费用收入。

挂牌费用收入基本属于“一锤子买卖”，是券商推荐企业挂牌新三板时所收取的费用。

第二，做市商业务收入。

做市商业务收入属于持续性收入，是券商通过做市、撮合交易带来的收入。券商不但可以获得交易佣金，还可以获得买卖价差。

此外，直投等业务也会给券商带来收入。比如，券商以自有资金获取买入卖出的价差收入。

虽然挂牌企业数量一直处于激增的状态，但挂牌费用收入并不是券商新三板业务的主要收入来源，真正给券商带来丰厚利润的是做市交易业务。

做市商每次提交做市申报应当同时包含买入价格与卖出价格，且相对买卖价差不得超过 5%。这 5% 的买卖价差，就是券商做市的收益。5% 看起来

做市商每次提交做市申报应当同时包含买入价格与卖出价格，且相对买卖价差不得超过5%。

不多，但一般情况下，挂牌企业在做市交易之前，会以定增方式向券商转让部分股权作为库存股，这些转让价格往往低于市场价格。定增股票不设锁定期，所以做市商在做市的时候，除了可以赚取双向报价5%的价差，同时可以获得股价上涨后的收益。如果取得的库存股价格没有优势，或者做市价格没有上涨，则没有收益。

第三，未来转板或者IPO业务收入。

随着未来新三板分层和转板制度的落地，挂牌企业未来有望转板到主板市场IPO，这也将会给主办券商带来收入。

得新三板者得天下，齐鲁证券“双丰收”

新三板为券商提供了一次难得的发展机遇，不夸张地说，就是“得新三板者得天下”。

在IPO时代，券商做完一个项目就可以赚到几千万元，甚至几亿元；在新三板时代，券商要获得好收益就要拼能力、勤奋和眼光！

随着做市交易的深入，各做市商也受到了更加严峻的考验。券商需要运用投行的眼光，判断如何选择优质的标的企业，如何赚取更高的利润。

截至2015年7月3日，新三板有75家证券公司获得做市资格，其中排名前十的具体如表3-1所示。

表3-1 全国股份转让系统排名前十的做市商列表

（截至2015年7月3日）

排名	做市商	做市企业数量（家）	累计推荐挂牌（家）	做市企业数量占比
1	齐鲁证券	132	155	85.16%
2	国信证券	82	99	82.83%

（续表）

排名	做市商	做市企业数量（家）	累计推荐挂牌(家)	做市企业数量占比
3	广州证券	76	35	217.14%
4	上海证券	75	26	288.46%
5	天风证券	75	20	375%
6	国泰君安	67	65	103.08%
7	兴业证券	67	40	167.50%
8	申万宏源	65	272	23.90%
9	长江证券	61	102	59.80%
10	光大证券	59	62	95.16%

注：数据来源为全国股份转让系统官方网站公开数据。

做市企业数量占比＝做市企业数量 ÷ 累计推荐挂牌企业数量

如果按照推荐挂牌新三板的企业数量排名，前十名依次为：申万宏源（272家）、齐鲁证券（155家）、广发证券（108家）、长江证券（102家）、国信证券（99家）、中信建投（98家）、安信证券（94家）、东吴证券（76家）、招商证券（77家）和东北证券（73家）。

综合“推荐挂牌企业数量”和“做市企业数量”两项标准，齐鲁证券的综合排名是在第一位的。

案例分析：

齐鲁证券早在做市商制度落地之前，就做好了充分的准备，初期投入高达10亿元的资金到做市业务中，而一般的券商投入的资金也就在1亿～3亿元。事实证明，齐鲁证券对新三板的“垦荒计划”是成功的，获得了投行业务与做市业务双丰收。

推荐挂牌业务是券商在新三板的收入来源之一，不过有时候成了“赔本赚吆喝”，盈利空间并不是很大；指望推荐企业或做市企业转板或IPO，属于“理想很丰满，现实很骨感”；所以，券商要在新三板“掘金”，做市应该是目前最好的选择。

此前，做市交易部只是很多券商场外市场部的一个小部门。伴随着新三板的扩容，市场成交量日渐放大、做市交易连创新高，各路券商势必会对这个市场展开新一轮争夺。

个　人

企业股东或员工

多数刚挂牌的企业股东是挂牌前已持有大量股份的股东个人，挂牌企业定增对象也有很多都是企业的原股东。当然，也有企业向员工定增的情况。在这种情况下，这些自然人自然成了新三板的参与个体。

个人投资者

个人投资者是我们关注和讨论的重点。

与企业挂牌新三板的低门槛相反，新三板对个人投资者设置了高门槛。

新三板投资者适用性管理规定要求：投资者要具有两年以上投资经验，投资者持有证券类资产市值在500万元以上。

新三板投资者适用性管理规定要求：投资者要具有两年以上投资经验，投资者有证券类资产市值在500万元以上。这种高标准主要是出于保护投资者而设置的。

第一个条件，主要基于对个人投资者的素质和分析能力的要求。

这个条件很容易满足。浮沉股市的老股民多如繁星，找到一个具有两年以上投资经验的投资者并不难。

第二个条件，才是将很多个人投资者挡在了新三板大门之外的主要原因。

500 万元资产的门槛太高，直接导致个人投资者开户数量仅 14000 户左右，散户投资远不像 A 股市场那般热闹。新三板的交易主体还是机构投资者。

新三板对挂牌企业的低门槛，容易导致新三板挂牌企业良莠不齐，大大增加了投资者选择投资标的的难度。做市商想要筛选出优质的做市企业需要投入大量人力、物力和财力。对个人投资者来说，要选择合适的投资标的显然难度更大。从这个角度来看，高门槛是对中小散户的一种保护。

虽然关于新三板降低 500 万元入市门槛的呼声不断，但对此理论界争议也颇多，至少到目前为止，并没有成文的方案在推进。

个人投资者想要参与新三板投资，短期内更可行的方法是通过购买新三板基金等资管产品介入。

资本掮客

除去中小散户，无处不在的资本市场掮客也属于个人投资者大家庭中的一员，他们隐匿于新三板的各个环节，靠自己的实际行动为新三板市场的火热添砖加瓦，更贴近“淘金客”的形象。

一些资本掮客属于专职的，在企业、私募股权投资机构、券商之间牵线搭桥，项目谈成后，按照业内约定俗成的行规抽取佣金，就是中介费。也有一些资本掮客属于兼职的，因为工作关系可以接触到很多中小企业，尤其是一些有潜力、适合挂牌的企业，将这些企业介绍给券商，从而获取佣金。

公募基金和阳光私募基金

2015年2月16日，全国股份转让系统联合中国结算北京分公司、深证通组织开展托管人结算模式下的技术系统上线，这意味着公募基金、券商资管可正式投资全国股份转让系统。

允许公募基金、券商资管参与投资新三板，可以实现双重利好：

一方面，中小投资者可通过公募基金、券商资管间接参与市场，分享挂牌企业成长带来的红利；另一方面，扩大了机构投资者的队伍和投资规模，进一步完善了新三板机构投资者的类型，有助于将新三板建成以机构投资者为主的市场。证券公司、基金管理公司等专业机构可以发挥各自的优势，有利于树立新三板价值投资、长期投资、理性投资的投资理念，推动市场稳定健康发展。

宝盈中证新三板1期：第一支新三板资管产品

2014年4月30日，宝盈中证新三板1期资管产品正式发行，成为国内首只专门投资新三板挂牌企业的资管产品。

该资管产品由两家公司合作发起，由中铁宝盈资产管理公司担任管理人，由深圳中证投资资讯有限公司担任投资顾问，依托新三板定增网参与新三板企业定增项目，发行规模5000万元，认购金额100万元起。

宝盈基金是行业内最早在新三板进行布局的，并将新三板视为其战略发展的重点领域。中铁宝盈资产管理公司是宝盈基金设立的全资专户子公司。深圳中证投资资讯有限公司是中国证券报社的控股子公司，该公司主办的新三板定增网是新三板首个投融资对接平台，具有广泛影响力。依托这一平台，深圳市中证投资资讯有限公司能够“近水楼台”，提前发现新三板优质标的企业。

截至2015年2月底，宝盈中证新三板1期资管产品的盈利还是很丰厚的，其产品的浮动盈利已超过60%。

自2015年上半年以来，新三板的资管产品密集登台，资管产品的发行速度也一再被刷新。南方基金子公司南方资本推出的新三板产品一日售罄，堪称“秒杀”，并获得了超募①。

案例分析：

此前，投资新三板挂牌企业的机构主要以PE、VC为主，宝盈中证新三板资管计划是国内首只以基金子公司作为管理人的新三板投资产品，这也标志着传统二级市场的主力投资机构已开始正式进军新三板领域。

新三板个人投资者准入门槛为500万元，门槛过高，而且新三板挂牌企业采用协议转让方式的比较多，导致新三板成交量较

① 超募用来形容募集资金超过募资投资项目需要的状态。

少，个人投资者很难提前布局、获得收益。该资管产品将投资门槛大幅下降至100万元，给投资者提供了分享盛宴的机会。

知识链接 公募基金、私募基金与阳光私募基金

公募基金(Public Offering of Fund)，是指向不特定的社会公众投资者公开发行的证券投资基金。

由于处在法律和政府监管部门(主要是证监会)的严格监管下，公募基金的发行条件比较严格，发行程序比较复杂，等级核准的时间较长，发行费用比较高，在信息披露、利润分配、运行限制、投资比例与基金类型的匹配等方面也有着严格的行业规范。例如，国内证券市场上的封闭式基金就属于公募基金。

在公募发行方式下，任何合法的投资者都可以认购拟发行的证券。所以，公募基金以众多的投资者为发行对象，证券发行数量多，募集资金的潜力大，投资者范围大，不仅可以避免发行的证券过于集中或被少数人操纵，而且可以增强证券的流动性，有利于提高发行人的社会信誉。

私募基金(Private Fund)，也称私募股权投资基金，是不公开发行的、以特定少数的投资者为发行对象的基金。

私募基金，一般是由有投资、管理经验的人向一定的私人及机构私下募集资金成立的专门基金，通过该基金对具有高增长潜力的未上市企业进行股权投资，甚至可以参与到被投资企业的经营管理中，等被投资企业成熟后，通过上市、出售等方式退出而实现资本增值。

面向的“特定投资者”通常包括两类：一是企业的老股东或

少数投资者；二是投资基金、社会保险基金、保险公司、商业银行等金融机构，以及与发行人有密切往来关系的企业等机构投资者。

公募基金与阳光私募基金最关键的区别在于募集的对象：公募，就要面向社会公众，面向不特定的投资者；私募，就是不面向社会公众，面向特定的投资者。

阳光私募基金，也是面向少数特定的合格投资者的非公开发售的基金。所以，阳光私募基金的属性，首先确认其属于“私募”。

阳光私募基金与一般私募基金，二者最大的区别在于投资对象不同，阳光私募基金主要投资于二级证券市场，而私募股权基金主要投资于未上市的公司股权。

此外，阳光私募基金的发行更加规范化、透明化，一般借助信托公司平台发行，可以保证私募认购者的资金安全。

思考投资：新三板阳光私募第一股

2014年3月，思考投资进入全国首批50家私募基金管理人的名单，成为温州市第一家拥有正式私募牌照的基金管理公司。

2015年1月30日，思考投资（831896）登陆新三板，成为新三板挂牌的首家阳光私募基金管理公司。

思考投资，全称为浙江思考投资管理股份有限公司，成立于2010年3月，是一家专注于通过大宗交易平台进行投资的阳光私募投资管理机构，主营业务是对阳光私募基金的投资进行管理。

至于具体的经营方式，该公司不是通过二级市场股票来配置资产，而是通过在大宗交易平台，用协议方式购买低于二级市场价格的股票，在短期内再通过二级市场抛售获取收益。这种投资“一级半市场”的方式，好处在于投资周期短，股价波动风险小，对投资研究的要求低，投资风险更可控。这种方式也在很大程度上减少了公司的运营成本。

案例分析：

通过大宗交易平台购得低于二级市场价格的股票，然后短期内再在二级市场抛售，赚取收益。选择“一级半市场”，思考投资的投资切入点确实比较独特，或许与其创始人出身于证券公司的背景有关。

根据沪深两市的规定，上市公司股东单笔买卖申报数量在 30 万股或 200 万元以上时，应当通过大宗交易方式进行交易。沪深交易所设立大宗交易平台的初衷，就是给大宗减持提供一个便利的通道。通过大宗交易平台，私募股权投资机构可以进行一对一的专场交易，并不通过二级市场直接交易，所以即便交易额度巨大，也不会对二级市场股价产生重大冲击。

在新三板目前的做市商制度下，如果一家做市企业的股东想短期内减持股票，只能通过为其做市的券商，按照给定的价格区间将股票转让出去。做市商只能一边接手该股东的股份，另一边去找接盘的机构。

目前，新三板还没有建立大宗交易平台，做市商们迫切希望能够借鉴 A 股的大宗交易制度，从而完善新三板的交易制度，规避出现“灰色路径”。

主板上市公司

主板上市公司积极参与新三板，挂牌公司成了“富二代”。

这里的主板上市公司泛指场内交易的上市公司，包括所有在主板、中小板、创业板上市的公司。

从参控股形式方面看，主板上市公司参与新三板的方法包括以下几种：

分拆子公司挂牌新三板；

采用直接持股的方式；

通过子公司间接持股；

通过其控股股东参股新三板挂牌企业，与对应的新三板挂牌企业形成兄弟关系。

从选择的企业方面看，主板参控股新三板挂牌企业主要选择以下两类企业：

一类是稀缺性强的企业；

另一类是采用做市转让方式，或做市可能性更高的企业。

上市公司万众瞩目，但上市公司的子公司往往知名度较低，且发展多依赖于上市公司的知名度。

分拆子公司挂牌新三板，可谓好处多多：

第一，上市公司进行再融资，条件严格且程序复杂。相比之下，在新三板挂牌并定增比A股融资容易得多，可以短、平、快地实现融资。

第二，有利于树立企业品牌，提升子公司的知名度，起到免费宣传的广告作用。

第三，子公司挂牌后，有利于进一步完善资本结构、规范公司治理结构和各项规章制度，同时也会进一步提升上市公司的整体实力，实现双赢。

第四，子公司在新三板挂牌后，其股份有了公开的交易平台和公允的定价平台，提高了股权的流动性。上市公司可以以挂牌子公司的股权做融资担保，也可以通过出售子公司股权实现投资收益。股权流动性的提高，有利于引进战略投资者，形成有效的退出机制。

事实也证明，由上市公司参控股的新三板挂牌企业的营收能力普遍高于平均水平。

在这一轮掘金热潮中，新三板出现了一股新的力量——实力雄厚的上市公司。上市公司现身新三板最常见的方式是通过分拆子公司，或者子公司参股的形式登陆新三板。这种特殊的背景，让这些挂牌的公司成了名副其实的“富二代”。

胜利精密控股子公司挂牌新三板

胜利精密（002426），全称为苏州胜利精密制造科技股份有限公司，成立于2003年12月，于2010年6月8日在深市中小板上市。

2014年12月，胜利精密控股的子公司胜禹股份（831626）在新三板挂牌。胜利精密目前持有胜禹股份股票3480万股，持股比例为60%。胜禹股份主要从事新型复合金属材料研发、生产、销售，自营和代理各类商品及技术的进出口业务，注册资本5800万元。

据公开资料显示：2013年年末，胜禹股份实现净利润1446.88万元，归母净利润为868.13万元，占上市公司净利润的6.81%；胜禹股份的净资产为7124.37万元，归母净资产为4274.62万元，占上市公司净资产的2.94%。

除了主动将控股子公司分拆挂牌新三板的，上市公司参与新三板的动作还包括直接参股新三板挂牌企业。这样一来，新三板挂牌企业就成为有上市公司背景的企业。

鲁信创投参股新三板挂牌企业

鲁信创投（600783）旗下全资子公司山东省高新技术创业投资有限公司参股了两家新三板挂牌企业：一家是胜达科技（430626），另一家是科汇电子（830912）。该子公司持有胜达科技18%的股份，持有科汇电子9.634%的股份，但非两家企业的控股股东。

案例分析：

上市公司将旗下子公司送到新三板挂牌最主要的原因，是新三板拥有门槛比A股市场低、审核流程快、成本低、定增融资灵活等特点。这在某种程度上能够实现上市公司与子公司的双赢。

如果上市公司的分拆子公司进入中小板或创业板，通常监管机构的要求比较严格，且相应的审核流程复杂。

目前，上市公司分拆子公司挂牌到新三板是不存在法律障碍的。A股上市公司控股子公司挂牌新三板不需证监会批准，但需要与证监会及交易所的专管员事前口头沟通。

上市公司与其控股子公司之间的同业竞争和关联交易成为最大的障碍。这也是新三板在审核时最为关注的问题。目前，多数分拆挂牌的子公司与上市公司之间存在一定程度的关联交易。

消除同业竞争是上市公司旗下子公司成功挂牌新三板的解决之道。比如，让子公司独立成为上市公司的一个业务分部。

如果不能完全避免，也应该在企业的公开转让说明书或其他公开披露的文件中，充分披露关联交易，保障上市公司不通过关联交易侵占子公司利益，子公司也不损害上市公司的利益。

信 托

信托，向来被人们认为是A股市场中的“高富帅”。随着IPO监管趋严，且于近期连续两次遭遇关闸，信托也开始把触角伸向新三板。

到目前为止，中建投信托、四川信托、中信信托等已经发布了十来种与新三板相关的信托产品。众所周知，由私募股权投资机构和券商开发的资管产品是新三板市场的“老大哥”，作为后起之秀的信托产品能不能快速打入新三板市场呢？事实证明，这种担心是多余的。新三板对于信托产品的认可度并没有受到影响。此前就曾有一只额度为5000万元的信托产品在一天之内被消费者抢光。

丰厚的收益让信托机构对新三板市场充满了信心。但是，这并不是信托机构在新三板市场的全部。还有不少信托公司在这里进行了自身业务的扩展。中建投信托的相关负责人就曾公开表示，布局新三板是为了向客户提供更多的投资产品，为企业提供更多的金融服务。

CHAPTER

第四章

挂牌新三板需要遵循哪些游戏规则

- 新三板交易制度
- 定向增发
- 股份转让及限售
- 新三板指数

企业挂牌新三板，就要遵循新三板的游戏规则。这些游戏规则主要包括新三板交易制度、定向增发、股份转让及限售等。

2014年8月下旬，全国股份转让系统做市商交易系统正式上线，这意味着市场期待已久、寄予厚望的做市商制度在新三板开始正式运营。新三板做市商制度的引入，改善了市场的生态环境，为市场带来了勃勃生机，对新三板的发展具有深远影响，促进新三板市场全面进入二级市场时代。

那么，除了做市商制度，挂牌企业还要遵循哪些游戏规则呢？下面就让我们来逐一了解。

新三板交易制度

根据2013年新修订的《全国中小企业股份转让系统股票发行业务细则（试行）》和《全国中小企业股份转让系统业务规则（试行）》的规定，新三板挂牌企业股份的交易方式可以采用以下三种：协议转让、做市转让和竞价转让。也就是说，从理论上来讲，新三板的交易制度有三种：协议转让、做市转让和竞价转让。

不过，就目前情况来看，竞价转让尚未在新三板推出。事实上，新三板现行交易方式只有协议转让和做市转让两种。协议转让方式是目前大多数新三板挂牌企业使用的交易方式，大约有85%的挂牌企业正在使用；而做市转让方式比协议转让方式更活跃一些，也是目前新三板在积极推行的交易方式。

协议转让方式是目前大多数新三板挂牌企业使用的交易方式。

协议转让方式

协议转让方式早在全国股份转让系统公司成立之前就已经出现了。新三板成立之初的中关村园区试点，采用的就是协议转让方式。

新三板框架下的协议转让方式主要有三种成交方式：

1. 点击成交方式

交易一方确定买卖价格、买卖数量，但未确定交易对手方，因此，其通过主办券商向全国股份转让系统提交了定价委托。全国股份转让系统收到主办券商定价申报后，通过行情系统向市场发送逐笔定价申报信息。其他投资者可以通过主办券商交易软件点击揭示的定价申报信息，提交成交确认申报，与指定的定价申报成交。

2. 互报成交确认申报

投资者双方协商好成交价格、成交数量、约定号等交易要素，然后双方均通过全国股份转让系统提交约定号一致的成交确认申报（包括对手方交易单元代码、对手方证券账户号码），全国股份转让系统对符合规定的申报予以确认成交。

3. 收盘自动匹配成交

在每个转让日15:00收盘时，对价格相同、买卖方向相反且未成交的定价申报，将由全国股份转让系统交易主机进行自动匹配成交。

新三板的协议转让方式主要有三种：点击成交方式、互报成交确认申报、收盘自动匹配成交。

之前，在协议转让方式下，由投

资者委托主办券商向交易系统报价，在与对手方达成转让协议后，需要人工点击对手方报单才可以成交，系统无法自动进行匹配。

目前，为了提高成交的效率、促进成交并形成连续的公允价格曲线，《全国中小企业股份转让系统业务规则（试行）》规定："挂牌股票采用协议转让方式的，全国股份转让系统公司同时提供集合竞价转让安排。"也就是说，如果投资者未能在规定时间内人工点击确认成交，系统会在每个转让日的收盘时点，按照时间优先原则，将未成交的价格匹配、方向相反的投资者委托申报进行自动匹配成交。此方式可以部分降低投资者之间一对一的协商成本，提高成交效率。

目前，在协议转让方式下，交易报单共有两种形式：

一种是指定交易对手方报单。

在这种情况下，只有被指定的特定交易人才能够通过系统和交易方成交，参与者被限定在了相对狭隘的圈子里。这种情况，因其特殊的交易形式一直被市场诟病。

另一种是不指定交易对手方报单。

在不指定交易对手方报单情况下，全市场参与者都能看到交易报单且能够协议成交，是相对公开和公平的一种交易方式。

"中山帮"频频制造高股价，新三板开出首张交易罚单

2015 年 3 月 26 日，华恒生物（831088）有三笔协议成交的交易。其中，以 738.88 元 / 股成交一笔，买方证券账户名称为谭均豪，卖方显示为中山市三宝股权投资管理有限公司；第二笔也以 738.88 元 / 股成交，买方也为谭均豪，卖方显示为中山市八通街商务服务有限公司；第三笔以 758 元 / 股成交，买方仍为谭均豪，

卖方显示为中山市广安居企业投资管理有限公司。

经查询，当日三笔交易的买卖双方均为中信证券中山市中山四路证券营业部。通过全国企业信用信息公示系统查询后发现，以上交易中三家卖方公司中山三宝投资股权投资管理有限公司、中山八通街商务服务有限公司、中山广安居企业投资管理有限公司的法人代表均为陈六华，属同一人。

而在前一日（即 25 日），华恒生物的协议成交价仅为 158.88 元 / 股。

在 26 日盘后全国股份转让系统公布的协议转让股票公开信息（仅包括投资者成交价格较前收盘价变动幅度超过 50% 的情形）中，"中信证券中山市中山四路证券营业部"这个名字出现次数多达 102 次，作为买卖双方成对出现的次数达到了 35 次，出现的也是上述三家公司与谭均豪的名字。

其中，谭均豪作为卖方 31 次向这三家公司出售了冰洋科技、金象传动等股票，而中山三宝投资与中山八通街商务在"联宇技术"上发生了一次直接交易，成交价格达 100 元 / 股。这 35 次涉及的股票有金象传动、华恒生物、恒升机床、鑫庄农贷、联宇技术、冰洋科技等，这些股票在盘中均出现了不同寻常的异动。

3 月 31 日，全国股份转让系统召开新闻发布会，通报了"中山帮"频繁进行非正常交易扰乱市场的事项，并对其启动了调查程序。调查结果显示，是"中山帮"控制下的多个账户互为买卖方或者自买自卖进行对倒，迅速抬高股价扰乱市场运行。

4 月 3 日，全国股份转让系统公司宣布，根据《全国中小企业股份转让系统股票转让细则（试行）》第 119 条规定，全国股份转让系统公司决定对"中山市广安居企业投资管理有限公司""中山市八通街商务服务有限公司”“中山市三宝股权投资管理有限公司”“谭均豪”等4个账户采取限制证券账户交易（3个月）的监管措施。

案例分析：

在指定对手方报单情况下，协议转让的买卖双方可以先场外自主对接形成协议，然后再进入全国股份转让系统指定交易对手和报价并确认成交，而且很多买卖双方是利益相关者，其他投资者很难参与到交易中，即便是通过其他渠道知晓该股价偏离严重，也不能进行交易，这也就造成了在人为控制下的股价异动。

“法无禁止即可为。”在协议转让方式下，无论协议转让产生什么样的畸高价或畸低价，只要没有违法违规，没有违背交易双方的主观意愿，就不构成违法。在上述案例中，正是这种指定对手方报单的交易方式的先天缺陷，成了“中山帮”等扰乱市场正常交易的“武器”。

在该案例中，“中山帮”买卖对倒，其主要目的是抬高股价，为下一日交易造势。“中山帮”案例并不是个案，而是普遍现象。通过这些异常交易，全国股份转让系统也已经认识到了“指定对手方报单”存在的问题，虽然是“一个愿打，一个愿挨”，但这种异常股价的主观意图可能并不单纯，不可避免会对其他投资者产生影响，会严重扰乱市场的价格。改革势在必行。

协议转让方式缺陷致中科招商股价暴涨暴跌

2015年4月22日，中科招商以1.01元/股的价格成交了10

万股。买方账户名称为刁君如，其主办券商为招商证券；卖方账户名称为磐安中广创业投资合伙企业（有限合伙），其主办券商为海通证券。

正是这笔交易使得中科招商股价遭遇暴跌，当日跌幅达90.98%。因为当日成交量只有10.9万股，以1.01元/股成交的10万股占全天10.9万股的近92%，导致收盘价大幅下挫。当日，盘中最低价1.01元/股，最高52元/股，震幅达94.64%。

第二天，也就是2015年4月23日，中科招商股价翻身暴涨，股价回到41.94元/股，当日盘中最低40元/股，盘中最高60元/股，震幅达411.52%！

类似的情况也在联讯证券、联兴科技、艾融软件等多家挂牌公司出现。

案例分析：

主板、创业板市场采取的是竞价交易制度，新三板大部分股票采用的是协议转让交易方式。协议交易与竞价交易最大的区别是：在协议转让下，买卖自愿成交，所以买卖双方可以以任意价格成交。因此，某只股票在一个时点上可以有非常多的成交价格，成交价格很难反映个股的公允估值；而竞价交易采取的是撮合成交机制，某只股票在一个时点上只能存在一个价格，该成交价格能充分体现企业估值。

协议转让频频超低价，原因主要有三：

一是高管激励或股份调整。大股东作为出让方以低价将股份转让给自己想激励的高管，让其通过股权激励获取更多收益，奖励其为公司的辛苦付出。股东相互之间也可以通过这种方式进行股份调整。

二是股份代持还原。即某些股东持有股份中有代持别人的股份，通过协议转让的机会低价还给实际持有人。

三是合理避税。按照非上市企业的股权交易规则，在股份过户前对股权交易价格中高于净资产的部分征收资本利得税。这一规则也应适用于新三板。也就是说，如果股权交易价格小于或等于每股净资产，就不需要缴纳资本利得税；如果大于，则需要缴纳。例如，股权交易以 1.1 元 / 股成交，净资产为 1 元 / 股，则需要就 0.1 元的每股收益缴纳资本利得税；反之，成交价低于 1 元 / 股，则无需缴纳。

中科招商事件暴露出协议转让这种交易方式的缺陷。非正常的成交价格极大地干扰了投资者对企业股票真实价值的判断，也容易给操纵市场者提供理论依据。

新三板扩容，挂牌企业数量暴涨，但新三板市场的交易却并没有像预期中那样火爆。不少企业挂牌新三板之后，真的就是“挂”在新三板而已。这背后一个重要的原因，就是新三板采取协议转让方式，而协议转让方式条件是非常严格的。

协议转让条件具体如下：

第一，买卖双方在交易之前须明确身份、商定交易价格并委托营业部安排过户。这一制度安排大大抬高了交易的搜寻成本，致使买入和卖出都较为困难，且缺乏清晰的估值定价体系。

第二，除机构投资者外，个人投资者仅限于原发起人股东。

第三，投资门槛较高，以 30000 股为基本交易单位。

对于买卖双方熟悉的、易于定价的产品，协议转让方式比较适用，但对于股权投资这类产品并不适用。资本市场的股权定价问题，还是需要通过做市交易这种方式才能实现。

做市转让方式

从2014年8月开始，即新三板交易支持平台上线后，做市商制度在新三板开始实施。每家采用做市转让方式的挂牌企业，都需要两家以上的做市商。

1. 做市商制度的核心机制

做市商制度的核心精神是报价驱动。

做市商制度要求由做市商作为交易中介，面对同一投资群体，持续报出买入和卖出的双向报价，投资者根据做市商的报价，买入或卖出证券。投资者在证券市场中买进或卖出某只证券，买卖双方不需要直接交易，只需将做市商作为交易对手即可达成交易。为此，做市商需要提前垫资保证足够的库存证券，以保证维持双向交易。所以，做市商制度，也称为报价驱动制度。当然，做市商的报价驱动，为股票交易提供流动性，并通过交易价格为企业融资提供合理价格。

值得注意的是，做市商制度是以做市商报价作为交易价格，这种报价驱动与上市公司的竞价驱动（如连续竞价交易制度、集合交易制度）是不同的。

做市商制度的核心功能是估值功能。

估值功能是做市商制度最首要的功能，也是做市商提供流动性、稳定证券市场价格，以及帮助提升企业知名度等功能发挥的基础。

做市商凭借专业研究能力对企业进行合理估计，使挂牌企业进行各类融资有了价格参考，通过专业估值对股票进行合理定价，使证券价格更趋近于其真实价值。

做市商同时承担了买进或卖出的义务，使交易不需要对手方出现就可以完成，从而大大提高了市场成交效率。

做市商这两大核心机制，必将有效解决新三板市场融资难的问题，并将推动整个证券市场价格真正实现以市场化为主导的理性回归。

2. 做市转让方式下的委托和申报

在做市转让方式下，由投资者进行限价委托。

做市转让方式下，投资者之间不可以直接成交，只能采用限价委托方式委托做市商进行交易。

限价委托，是指投资者委托做市商按其限定的价格买卖股票。做市商必须按投资者限定价格或低于限定价格申报买入股票，按限定价格或高于限定价格申报卖出股票。

限价委托的内容，包括证券账户号码、证券代码、买卖方向、委托数量、委托价格等内容。

在做市转让方式下，由做市商进行做市申报。

做市商要向全国股份转让系统发送买卖其指定价格不超过其指定数量的股票，履行其承担的做市义务。

做市申报的内容，包括证券账户号码、证券代码、交易单元代码、买卖申报数量和价格等内容。

3. 新三板引入做市商制度的好处

第一，提高资金的流动性，促进股票交易活跃度，增强市场吸引力。

在整个证券交易过程中，做市商是激活整个市场的关键因素，连接了投资买卖双方，增加了市场交易数量。做市商的这种为卖而买、为买而卖的行为就是做市。做市商在交易时并不收取佣金，卖价高于买价的价差就是做市商的盈利。

做市商的做市，对于目前换手率较低的新三板非常有意义。做市提高了新三板资金的流动性，促进了新三板交易的活跃程度，极大提升了挂牌企业的数量和规模，增加了新三板的吸引力。随着新三板的活跃度变高，更多创新型企业会被吸引到新三板挂牌，更多投资机构会进入新三板投资，以实现快速发展为目标的各类企业的并购、重组也将大量涌现。

第二，提供价值发现，推动优质企业成长。

做市商提供了提高流动性和估值定价的功能，为新三板带来价值发现的功能。具有创新技术、成长潜力、市场前景的企业将更容易被发现，也更容易获得资本的支持。加之公司治理等得到规范，未来新三板必将诞生一批优质企业，而这些优质企业又会吸引到更多资本的进入和做市商的参与，形成良性循环。可以预期的是，新三板的许多细分行业中会崛起一批领头企业，推动整个行业的技术创新水平和规范化发展，最终实现全方位的产业升级。

第三，改变了证券公司的盈利模式和竞争格局。

过去的证券交易商主要是依靠通道类业务、投行业务和资产管理业务。随着新三板做市商制度的发展，证券公司越来越重视场外交易市场业务。这种重视主要体现在以下两个方面：

一方面，证券公司要深入挖掘大量未挂牌的潜在优质企业，通过对其提供专业服务、加强培育、整合各项资源来提升企业价值；另一方面，要调整自身的发展战略和业务架构，在经营管理、市场营销、组织搭建、风险控制、人员配置等方面进行重大调整，以应对这一新的发展契机。

第四，给投资者带来更多机会。

在做市商业务开始初期，券商出于降低和控制自身风险的考虑，会选择较少的挂牌企业股票并以相对较低的价格持有。因此，现阶段仅有少部分规模较大、利润较高、成长和发展较为稳定的挂牌企业能够享受到做市商制度的优越性。

对于采用了做市交易方式挂牌的企业，投资者可以直接在二级市场与做市商交易；而对于尚未采用做市交易的挂牌企业，投资机构可以筛选其中有发展潜力的企业，通过为这些挂牌企业提供从资本到管理、渠道、市场等全方位的支持，在帮助中小企业发展的过程中获得高额收益。因而，投资者尤其投资机构也会进行分化，并向专业化、规范化发展。

4. 做市商是如何做市的

做市商在做市前，要做到备案、专设账户、钱券分管。

首先，符合条件的证券公司在开展做市业务之前，需要向全国股份转让系统申请备案。

其次，做市账户应是专门账户，不能将做市证券账户与证券公司的自营账户相混淆。

再次，做市商还应该做到钱券分管，对做市资金和做市股票均通过专用的账户来进行单独管理。要建立健全做市资金的管理制度和做市股票的管理制度。

采取做市转让方式的，当投资者的买入价等于或高于做市商报出的卖出价时，交易成交；当投资者的卖出价等于或低于做市商报出的买入价时，交易成交。如果有两笔以上的交易价格都是符合标准的，则按照价格优先（投资者更高买入价或更低卖出价）、时间优先的原则成交。

股票买卖均为投资者与做市商之间的买卖，投资者之间不可以进行交易，做市商之间也不可以在交易撮合时间成交。不过，在撮合时间之后的时间，做市商是可以相互买卖股票的，以不断调节自己的股票库存量。

全国股份转让系统提供的做市转让撮合时间为：每个转让日的9:30—11:30，13:00—15:00。

全国股份转让系统提供的做市转让撮合时间为：每个转让日的9:30—11:30，13:00—15:00。做市商应该在每个转让日发布双向报价，每个转让日提供的双向报价时间应不少于做市转让撮合时间的75%。

做市商每次提交的做市价格应该包括买入价格和卖出价格，并且买入价和卖出价的价差不得超过5%，也就是（卖出价－买入价）÷卖出价×100%，应该不超过5%。做市商每次提出新的报价之后，旧的报价会自动撤销。

做市商之间在撮合时间之后相互转让股票的，成交价格应在该股票当日最高、最低成交价之间；当日没有成交的，应介于前一收盘价90%～110%。做市商相互间成交的股票，在买入当日不可卖出。不过，当日做市过程中买入的股票是可以卖出的。

做市商的做市股票可以通过以下几种方式取得：在挂牌前由公司股东转让取得；股票发行取得；在全国股份转让系统买入，或其他合法方式取得。

挂牌时采取做市转让方式的股票，初始做市商应当取得合计不低于挂牌企业总股本的5%或100万股（以孰低为准），且每家做市商不低于10万股的做市库存股票。除此情形外，做市商在做市前应当取得不低于10万股的做市库存股票。

在做市期间，做市商持有股票数量不足1000股时，可以豁免卖出报价义务，但应向全国股份转让系统及时报备，并在3日内恢复双向报价。做市商持有股票数量达到挂牌企业股本的20%时，可以豁免买入报价义务，但也应及时报备，并于3日内恢复正常双向报价。

做市商的理想状态是双向报价的双向成交量刚好合适，但这种情况的出现仅是偶然。如果做市商报出的卖出价过高，其报出的买入价也会偏高，因为有买卖价差比例限制。这种情况下，投资者会将持有的股票卖给做市商，而做市商报出的卖出价会无人接盘，做市商则会持有大量股票，形成较大的存货风险。反之，做市商报出的买入价过低，其卖出价也会偏低，其他投资者就会大量买入做市商手中的股票并惜售，使得做市商在市场上没有股票可买。当库存量下降导致做市商无法履行义务时，做市商不得不抬高价格买入股票，这样就会导致亏损。

证券公司的两难选择

一家证券公司可以作为推荐企业挂牌的主办券商，也可以作为企业的做市商。因为一家挂牌企业做市至少需要两家做市商，所以主办券商可能只是做市商之一，但也未必一定要做自己推荐挂牌企业的做市商。例如，截至2015年6月26日，齐鲁证券累计推荐挂牌企业数量为154家，做市企业的数量为122家，而广州证券累计推荐挂牌的企业为35家，做市企业的数量为75家。

截至2015年6月26日，新三板做市商数量达到75家。做市商之间资质上有差异，成交量上也有差距：多的如齐鲁证券，做市企业的数量达到122家，少的如川财证券，做市企业的数量只有1家。这也显示了不同证券公司的不同实力。实力雄厚的证券公司可以找到优质企业，为优质企业做市，而优质企业也会选择有实力的券商做市商。

2014年4月23日，九鼎投资挂牌新三板，成为第一家获批挂牌新三板的PE机构。2014年8月，新三板就采用了做市转让方式，但九鼎投资迟迟等到2015年6月才由协议转让变更为做市转让。做市交易制度刚推出不久，就有很多家券商主动与九鼎投资接洽过，意欲为九鼎投资做市，但是九鼎投资拒绝以折价定增的方式向券商转让股票，导致当时成交量最高的九鼎投资使用的交易方式，仍是协议转让方式。

挂牌企业和做市商之间是双向选择。有时候，做市商也会遭遇两难情况：越是资质优秀的企业，在对做市商的交易中越能占据主导权。例如，面对PE投资机构出身的九鼎投资，做市商就不占据优势地位；可是对于资质差的企业，做市商又不愿花费太多的人力和财力。

目前，新三板对投资者开出的准入门槛是500万元。能够满足这项投资者适用条件的基本上都是机构投资者和高净值散户。这些机构和高净值散户有着高灵敏度的嗅觉，如果觉得哪家企业有潜力、有发展前景，通常会选择通过企业定增的方式获得股权，或者直接发行产品以PE的形式进行股权投资。这样，不仅可以获得低于市场成本的价格，还可以形成规模效应，享受企业成长带来的红利。如果不想长期持有的话，还可以以市场价格转让给做市商。这样一来，做市商的交易地位和获得的价格都是比较被动的。

案例分析：

1. 做市商的利润来源

做市商通过做市来赢利，最基本的操作就是：在企业挂牌前获得企业股权，或者在企业挂牌后通过定增方式获得股权。采取这两种方式获得股权，做市商基本上都会享受一定的折扣，而且如果是在企业挂牌前，获得的价格会更低。这样一来，做市商就可以获得一定的利润空间，提前锁定利润。

做市商也可以通过买卖价差来获利。不过，这种方法对做市商的眼光来说是种极大的考验。如果企业不够优秀，不被市场看好，就会缺少买家，做市商的报价就不会被投资者认可。此时，券商若想退出变现，就只能下调报价，直至有投资者认可。这样一来，券商就会无利可图。如果券商不下调报价，就只能将股份囤积起来。一旦库存股持续增加，无法卖出变现，就有可能侵蚀到券商的净资本。做市券商的逐利性决定了他们会抛出非优质企业的股票，去争抢优质企业的股票，从而造成“优者更优，差者更差”的情况出现。

2. 如何破局做市商困境

要打破做市商目前面临的困境，我们可以让更多的投资机构，比如私募基金、公募基金、期货子公司等，参与做市。引进具有多元化资金背景的机构参与做市，可以使得新三板交易更加活跃，也可以让更多的人分享新三板企业成长带来的红利。

5. 主办券商担任做市商的相关要求

在新三板，主办券商成为某一只股票的做市商，就意味着该主办券商一定会成为这家挂牌企业的股东之一。所以，新三板要求主办券商开展做市业务，不得干预挂牌企业的日常经营，其业务人员不得在挂牌企业兼职。

但做市商持股也存在两项豁免情形：

第一种，当主办券商直接或间接合计持有申请挂牌公司 7% 以上的股份，或者是其前五名股东之一，主办券商不得推荐申请挂牌企业挂牌。

但如果主办券商以做市为目的持有申请挂牌企业股份，不受此限制。

第二种，主办券商为开展做市业务而取得的控股股东及实际控制人所控制的股票，不受限售要求的限制。

6. 做市商制度有哪些短板

第一，存在信息不对称的问题。

新三板的信息披露并没有沪深市场那样严格与规范，投资者与做市商之间也会产生严重的信息不对称问题，而这些问题反过来会影响到做市商的投资判断与决策。

尽管新三板规定挂牌企业必须拥有两家或以上的做市商，但这些做市商的介入并不是为新三板挂牌企业的业绩、成长性等方面进行背书①。新三板挂牌企业资质到底如何，投资者难睹其真容。

第二，做市商筹码不足。

目前，做市商获取筹码的方式主要是参与新三板的定增。如果定增股份数量较少，做市商手中的筹码就会较少，进而影响到交易。做市商手中筹码不足，则新三板流动性不足的问题依然会存在。

如，英思科技的做市商万联证券和东莞证券以 2.3 元 / 股的价格分别认购了 10 万股定增股份，明显太少，如不能通过其他途径收集筹码，其流动性将受限。

尝鲜新三板做市，筹码“丰俭”差异大

随着 2014 年 8 月新三板做市商制度的起跑枪响，43 家挂牌

① 背书是指持有票据的人转让票据时，在票据背面批注并签名盖章。经过背书的票据，付款人不能付款时，背书人负付款责任。衍生义为认可、支持。

企业搭上了做市的头班车。

这 43 家企业在财务状况、企业规模等方面总体情况较好，2013 年平均总资产达到 2.32 亿元，比其他挂牌企业的均值高出 47.8％；平均净利润达 2034.23 万元，比其他挂牌企业的均值高出 154％。

在这 43 家企业中，资产规模最大、营收规模也最大的是中海阳（430065），总资产达 17.91 亿元，2013 年营业收入超过 10 亿元；资产规模最小的是联合永道（430664），总资产为 1184.47 万元；营收规模最小的是竹邦能源（430360），2013 年营业收入 670.47 万元；净利润最多的是蓝山科技（830815），2013 年度净利润为 6930.66 万元。第一批做市企业中也有亏损企业，金泰得（430029）和彩讯科技（430033）两家企业在 2013 年分别亏损 500.18 万元和 898.78 万元。

这 43 家挂牌企业背后共涉及 42 家做市商，平均每家公司的做市商数量为 2.6 家。其中，做市商数量最多的是中海阳与星和众工（430084），各有 5 家做市商。涉及定增的有 18 家，包括蓝山科技、沃捷传媒（430174）、基康仪器（830879）、威门药业（430369）等企业。

据新三板定增网的不完全统计，截至 2014 年 8 月 15 日，已有 28 家企业提出了为满足做市商制度要求而专门向券商进行定向增发的议案，其中增发市盈率最高的为竹邦能源的 100 倍，而拟募集资金最多的是蓝山科技，募资额为 9090 万元。

在 43 家企业中，可转让股份最多的是中海阳，可转让股份为 1.27 亿股；可转让股份数最少的是英思科技（430403），总股本为 1020 万股，可转让股份数量为 20 万股（这 20 万股由两家做市商万联证券和东莞证券以 2.3 元 / 股的定增价格各认购 10 万股)。

挂牌公司采取定增方式引入做市券商，开盘后的股价表现差异比较大。总体来说，大多数企业做市首日股价收盘价都高于定增价，定增价格为券商预留了不小空间。

不过，也有做市价格跌破定增价的企业，如具有类似情况的彩讯科技和金泰得，这两家也在首批做市 43 家企业名单之中。

彩讯科技于 2008 年 10 月 28 日挂牌,2014 年度亏损 899 万元。做市首日股价即跌 7.94%，报收于 2.9 元 / 股，2015 年 1 月 26 日公司报收于 2.59 元 / 股，做市券商上海证券认购了 194 万股。

金泰得于 2008 年 6 月 20 日挂牌，2013 年起就出现了明显亏损,2014 年度净利润亏损 994 万元。做市首日定增价为 2.3 元 / 股，2015 年 1 月 26 日股价报收于 2.05 元 / 股，做市商同样也是上海证券，认购了 200 万股。

案例分析：

1. 盈亏既不是挂牌的硬标准，也不是做市的硬标准

由上面第一批做市企业的财务业绩可以看出，财务状况和盈利情况并不是唯一指标。这反映了新三板海纳百川的包容度和创新的态度，也与挂牌企业没有财务硬标准这一要求相契合。不过，竹邦能源定增时的市盈率高达 100 倍，足以说明市场对这家企业的看好程度。

2. 做市商既不是财务投资者，也不是战略投资者

做市商为做市企业提供做市服务，提高挂牌企业股票的流动性。通过定增获得做市筹码，是做市商取得库存股的重要手段。如果定增是专门针对做市商的，股份均被做市商认购。如案例中的竹邦能源，不过每家做市商认购10万股，这也是新三板允许的做市商做市库存股的最低限量。可转让股份中，还包括挂牌企业针对其他符合条件的投资者认购的股份。

多数挂牌企业定增方案只针对券商，但也有的挂牌企业在一次定增中同时引入了券商和风投。一般来说，在券商和风投同时获得定增时，会以相同价格获得股票。也有少数情况，券商可能会比风投拿到更优惠的价格。比如，凯立德多次定增价格不断走高，参与了前面定增的券商拿到的价格就低于后续风投的成本。

3. 新三板股票转让不设涨跌幅限制

新三板股票转让不设涨跌幅限制。也就是说，股价是上不封顶的。这就造成了新三板股票转让出现异常高或异常低的价格的先决条件。

新三板挂牌企业的股价受多种因素的影响，如资本市场行情、企业突发事件等，没有涨跌幅限制，做市商就可能产生巨额亏损。

新三板出现过参与华恒生物股票交易的交易报价中99999.99元/股的报单,也有水治理(831511)0.01元/股的股价,更有“中山帮”进行高价对倒交易。

新三板的交易制度亟待改善：可以保留协议转让方式；可以推出以协议转让方式为主的大宗交易制度；也可以参考A股设置涨跌幅，不过幅度应该有修正。

竞价制度

竞价制度目前主要应用于场内交易市场中。

场内交易市场的竞价原则为按照价格优先、时间优先成交。

目前，我国证券交易所采用两种竞价方式：集合竞价方式和连续竞价方式。

集合竞价，是指对一段时间内接受的买卖申报一次性集中撮合的竞价方式。

连续竞价，是指对买卖申报逐笔连续撮合的竞价方式。

股票采用竞价转让方式的，每个转让日的9:15—9:25为开盘集合竞价时间，9:30—11:30、13:00—14:55为连续竞价时间，14:55—15:00为收盘集合竞价时间。

股票采用竞价转让方式的，每个转让日的9:15—9:25为开盘集合竞价时间，9:30—11:30、13:00—14:55为连续竞价时间，14:55—15:00为收盘集合竞价时间。

1. 集合竞价

集合竞价成交价的具体原则为：

可实现最大成交量；

高于该价格的买入申报和低于该价格的卖出申报全部成交；

与该价格相同的买方或卖方至少有一方全部成交。

两个以上申报价格符合上述条件的，取在该价格以上的买入申报累计数量与在该价格以下的卖出申报累计数量之差最小的价格为成交价。

若买卖申报累计数量之差仍存在相等的情况，按如下方式确定成交价：

一是开盘集合竞价时取最接近前收盘价的价格为成交价；无前收盘价的，取其平均价为成交价。

二是收盘集合竞价时取最近成交价的价格为成交价；当日无成交的，收盘集合竞价时取最接近前收盘价的价格为成交价；无前收盘价的，取其平均价为成交价。

集合竞价的所有交易以同一价格成交。集合竞价中未能成交的委托，自动进入连续竞价。

2. 连续竞价

连续竞价的成交原则是：

最高买入价与最低卖出价相同时，以该价格成交；买入价高于集中申报簿当时最低卖出申报价格时，以集中申报簿当时的最低卖出申报价格成交；卖出申报价格低于集中申报簿当时最高买入申报价格时，以集中申报簿当时的最高买入申报价为成交价。

目前，新三板还没有明确采用竞价制度这一转让方式的具体条件。预期条件成熟时，新三板对符合一定股权分布条件、达到一定的收入规模和利润规模的挂牌企业，会采用该种方式。

不同股票转让交易制度的选择

目前，在没有推出竞价交易方式之前，挂牌企业只能在协议转让和做市转让二者中选择一种作为日常股票交易方式。

在没有推出竞价交易方式之前，挂牌企业只能在协议转让和做市转让二者中选择一种作为日常股票交易方式，即可以选协议转让方式，也可以选做市转让方式。一旦选中一种，就不能随意转换；如果想转换交易方式，需要向全国股份转让系统提出申请并经过同意。

如果选择了做市转让方式，投资者之间则不允许直接进行交易，必须通过做市商进行交易。想要变更为协议转让方式，需要征得所有做市商的同意。采用做市转让，当做市商不足两家时，转让方式须变更为其他转让方式，如协议转让方式。如果未在30个转让日内恢复为两家以上做市商的，且挂牌企业也没有提出转让方式变更的，其转让方式会被强制变更为协议转让方式。

谁是新三板做市商最多的挂牌企业

目前，新三板有两种交易方式：协议转让和做市转让。截至2015年6月15日，新三板挂牌企业已达2573家。其中，2136家挂牌企业采取协议转让方式，437家挂牌企业采取做市转让方式。在2136家采取协议转让的挂牌企业中，仅有169家产生交易。而采取做市转让的437家挂牌企业中，有359家成交。

根据新三板的要求，参与做市的挂牌企业需聘请两家以上做市商。随着新三板挂牌企业数量和种类的增加，挂牌企业做市商的数量也在不断增加，这个记录一直在不断被刷新。

先来看联讯证券。

联讯证券于2014年8月在新三板挂牌。通过两次定增，以不到400万元的融资成本募资40亿元，注册资本从5亿元增至约32亿元。该公司在2014年12月24日定增方案中披露：拟发行股份不超过20.55亿股，每股发行价格为1.46元，预计募集资金30亿元。此次定增老股东认购踊跃，老股东认购完成后才开始让做市商认购，额度非常紧张。

2015年1月30日，联讯证券举行做市签约仪式。参与该公司做市的做市商刷新纪录达到15家，做市商包括14家证券公司和1家基金公司：证券公司除了主办券商财达证券，还有齐鲁证券、中投证券、安信证券、恒泰证券、广州证券、东方证券、华安证券、国都证券、华鑫证券、江海证券、东莞证券、国信证券和兴业证券；1家基金公司为华夏基金旗下全资子公司华夏资本。

联讯证券此次做市商数量破纪录地达到了15家。此前，挂牌企业做市商最多的为8家。

联讯证券做市商的争夺也是比较激烈的。15家做市商的配售比例无一家满额配售，基本都是按照20%比例配售的。还有一些想参与联讯证券做市的券商因为申请时间滞后、申请额度太小等失去了机会。

2015年6月18日，联讯证券股票由协议转让方式变更为做市转让方式，成为新三板第五家做市交易的金融企业。之前已经挂牌的28家新三板金融企业中，采取做市转让的有4家：九鼎投资、鑫庄农贷、昌信农贷和盛世大联。参与此次联讯证券做市交易的18家做市商均为证券公司，分别为东方证券、安信证券、财达证券、国都证券、恒泰证券、中投证券、华鑫证券、齐鲁证券、广州证券、华安证券、东莞证券、国信证券、兴业证券、国盛证券、江海证券、南京证券、世纪证券和上海证券。

此次，联讯证券以18家做市商与伯朗特(430394)并列新三板做市商家数排名第一。(注：伯朗特全称广东伯朗特智能装备股份有限公司，是自新三板扩容以来东莞第一家，也是全国第一家非国家高新园区企业中办理股份初始登记的新三板挂牌企业。)

不过，此前备受市场关注的非券商类做市商此次均无缘进入联讯证券最终的做市商队伍。

然而，做市交易首日并没有迎来股价的大幅上涨。做市交易首日，联讯证券跌8.82%。

不过，最初从联讯证券定增获取筹码时的价格比较低，仅为1.46元/股。所以，截至6月18日收盘，参与联讯证券当初定增的机构账面浮盈比例仍高达197%。

根据新三板的要求，每家做市商至少10万库存股，如果挂牌当天立即做市的则做市商必须购买5%或100万股的库存股。也就是说，证券公司如果想成为某企业的做市商，手中需要拥有一定额度的该企业的股票作为做市的筹码。

再来看中科招商(832168)。

2015年5月4日，中科招商再次发布10亿元的定增方案。此前它已通过定增募集资金90亿元，加上此次发布的10亿元的募资方案，中科招商将募资合计100亿元。此次10亿元方案定增的对象为具有做市资格的证券公司，发行对象合计不超过26名。这意味着，此次定增是为其日后变更做市转让方式而进行的。

如果此次中科招商26家做市商落定，将打破由伯朗特保持的18家做市商的记录。

此次，中科招商提供多达6000万股股票给券商做市，如按中科招商最高发行规模，即使有26家做市商参与认购，每家的平均认购金额也将高达3738万元，平均认购数量为231万股。从定增价格来看，此次对做市商增发价为16.2元/股，而其此前两轮增发价格为18元/股。也就是说，给做市商的价格仅仅是打了9折。

案例分析：

1. 挂牌企业的“盘子”比较大，做市商的数量就会比较多

一般来说，很多企业为了让券商做市，出让股票的价格会低一些。不过，如果挂牌企业属于优质企业，做市商争抢比较激烈，这些优质标的企业就可以掌握更多主动权。比如，中科招商选择做市商的标准，是由中科招商方面制定的。但此次中科招商有26家券商为其做市，可见市场对中科招商比较看好。所以，中科招商自然占据主动权。

做市的赚钱效应也是众多券商都在争做做市商的根本原因。比如，联讯证券的做市商以1.46元/股的增发价入手，在二级市场以3元/股的价格出手，收益就是1倍多。

2. 做市商数量较多的好处

做市商数量少，股价由少数几家做市商确定，容易人为抬高股价。如果做市商众多，每个做市商都有报价，股价差别就不会太大，可以避免股价波荡较大。

做市商在做市的过程中，为了获得更多的做市价差收入，会竞争性地降低成本和利润，最终会导致报价价差逐渐缩小。挂牌企业拥有的做市商数量越多，证券的交易就越活跃，流动性就越大，就会缩短做市商持有筹码的时间，进而降低其库存股票的风险。当然，做市商在交易时实现一定的规模经济，也可以减少成本。

3. 新三板迫切需要做市大盘股

随着联讯证券这样体量较大的企业加入做市的行列，做市指数会出现比较大的变数，意味着新三板将会迎来做市大盘股时代。已宣布未来将要做市的联讯证券就是此类大盘股。2015年6月9

日，九鼎投资发布了股票转让方式变更为做市转让方式的公告……这意味着越来越多的企业会加入到做市大盘股的行列当中。这是新三板市场迫切需要的。做市股流通盘大，做市商众多，可以大大改善新三板的流动性问题。

定向增发

定向增发，也称定向发行、定向增资，简称定增，是指以非公开方式向特定投资者发行股份的行为。

新三板定向增发，是指申请挂牌企业、挂牌企业向特定对象发行股票的行为。定增是新三板进行股权融资的主要功能，在解决新三板挂牌企业发展过程中的资金瓶颈时发挥了极为重要的作用。

新三板定向增发，是指申请挂牌企业、挂牌企业向特定对象发行股票的行为。

总的来说，新三板定向发行股票，挂牌前、挂牌同时、挂牌后都可以发行。企业可在首次挂牌同时定增，为企业以后的融资留下空间；也可在挂牌之后定增，符合豁免核准条件的可以发行后再备案。每次发行的新增股东不超过 35 人，但是每次发行没有时间间隔的要求。定向发行新增的股份不设立锁定期；投资者可以与企业协商谈判确定发行价格；属于非公开发行，针对特定投资者。

云南文化高频度定增，股价飙升三倍

云南文化（831239），于 2014 年 10 月 23 日起在新三板挂牌，成为新三板的演艺企业第一股。

云南文化，成立于 2011 年 2 月 18 日，由我国著名舞蹈艺术家杨丽萍创立，全称为云南杨丽萍文化传播股份有限公司，注册资本为 3000 万元，主要从事具有云南少数民族特色的大型歌舞集、舞剧的创排及演出，同时覆盖剧目创编、形象代言等衍生服务。杨丽萍本人既是法人代表，也是公司的实际控制人，持有云南文化 69.475% 的股权。其中，个人直接持股 59.50%，通过云南杨丽萍企业管理有限公司间接持股 9.975%。

2012 年 6 月，深圳市创新投资集团有限公司（简称深创投）、云南红土创业投资有限责任公司、云南中远投资管理有限公司、昆明创业投资有限责任公司、云南昶泰投资管理有限公司共同向云南文化投资 3000 万元，取得了该公司 30% 的股权。其中，深创投持股量最大，为公司第二大股东，持股比例达到 15%。

云南文化以杨丽萍女士的舞台表现力和艺术创作能力作为核心资产，逐渐形成了“国内外商业演出 + 旅游文化多地驻场演出 + 演艺行业上下游整合”的经营模式。公司主要业务由定点演出、国内巡演、海外巡演及大型歌舞演出编导业务等构成。公司旗下的主要产品有大型原生态歌舞集《云南映象》、大型衍生态打击乐舞《云南的响声》和大型舞剧《孔雀》。

2014 年，公司主营业务收入为 5799.40 万元，归母净利润为 1844.95 万元。主营业务收入主要构成为剧目演出（71.99%）、赞助及代言（12.78%）、剧目创编（3.45%）、其他（11.78%）。

公司 2014 年 10 月挂牌，从 2015 年 2 月起，在一个月时间内，连续发起三轮定增：

第一次：2015 年 2 月 17 日，向合伙企业昆明焱燊发行股份并增资配售股份不超过 150 万股，发行价格为 3.5 元 / 股。此轮定增其实属于股权激励。

第二次：2015 年 3 月 9 日，向不少于两名具有做市商资格的证券公司增发 260 万股，募资总额不超过 2945.8 万元，用于补充流动资金。

第三次：2015 年 3 月 18 日，向不超过 35 家符合《全国中小企业股份转让系统投资者适当性管理细则》的投资者，发行不超过 300 万股。定增募资用途主要是投资在丽江市场的项目建设。根据 4 月 20 日最新发布的股票发行认购公告，35 个外部投资者认购对象中出现了 20 多家私募股权投资机构的身影，认购金额共计 4290 万元，认购行情火爆。

三轮定增的定价由最初 3.5 元 / 股，涨到 11.33 元 / 股，又升至不超过 14.3 元 / 股，三次紧锣密鼓的增发，价格（或定价上限）的变化幅度已超过 300%，股价飙升了 3 倍。

案例分析：

云南文化是国内首家以名人、名剧品牌为核心资产的公司。一方面，杨丽萍的个人魅力和凝聚力是公司人员稳定的重要原因，杨丽萍这一个人品牌也为公司带来了极高的市场关注度；另一方面，云南文化过于依赖杨丽萍的个人表演和创作能力，对投资者来说，也是一种风险。

云南文化在挂牌新三板之前，曾在创业板谋求借壳天龙集团

(300063)上市，铩羽而归之后重整旗鼓，成功登陆新三板。新三板也给了云南文化很好的回报，高频度的三轮定增让云南文化收获多多。

云南文化属于传媒文化企业。传媒文化也是国家鼓励发展的行业，具备轻资产的特点。这也是投资者对云南文化定增有信心的原因之一。

挂牌同时定增

《全国中小企业股份转让系统业务规则（试行）》规定：“申请挂牌公司申请股票在全国股份转让系统挂牌的同时股票发行的，应在公开转让说明书中披露。”该条款明确了企业在新三板挂牌的同时可以进行定向融资。

申请挂牌公司申请股票在全国股份转让系统挂牌的同时股票发行的，应在公开转让说明书中披露。

允许挂牌企业在挂牌时进行定向股权融资，凸显了新三板的强势融资功能，大大缩小了新三板与主板、创业板融资功能之间的差距；同时，由于增加了挂牌时的股份供给，可以解决未来做市商库存股份来源问题。

允许挂牌的同时可以进行定向发行，并不是一个强制要求。拟挂牌企业可以根据自身情况和对资金的需求来决定是否挂牌同时进行定增，这样可以避免股份大比例稀释的情况出现。

挂牌同时进行定向发行的公司，较之挂牌同时不定向发行的公司，需在公开转让说明书中多披露以下两项内容：

一是在公开转让说明书第一节“基本情况”中披露拟发行股数、发行对象或范围、发行价格或区间、预计募集资金金额。

二是按照全国股份转让系统公司定向发行信息披露要求，在公开转让说明书“公司财务”后增加“定向发行”章节，披露相关信息。主办券商应如实披露本次发行股票的数量、价格、对象及发行前后企业相关情况的对比。

北京时代：新三板定增的“吃蟹者”

北京时代（430003）主要从事各类焊机产品和智能电器的生产与销售业务。它始终处于国内技术领先者的地位，已经开发了具有完全自主知识产权的机器人产品。

2006年3月，作为第一批试点企业的北京时代挂牌新三板，成为新三板第一家实行定增的企业。当时，创业板还没有出现，而建立伊始的新三板也只是一个交易平台，并没有设置融资功能，北京时代成了“第一个吃螃蟹的人”。是北京时代想到了定增这个主意，并得到了证监会、中关村管委会、深交所等的重视和支持。因为没有现成的依据，一切都是在摸着石头过河，企业在与投资者沟通过程中也遇到了不少困难。

2006年，北京时代最终还是以18倍的市盈率，定向募集到了5000万元资金。这个市盈率即使放到现在也是非常可观的。参与认购的股东共有五家：紫光股份、联想控股、中国恒大、成都创投、上海天晟，其中前三家都是知名高科技企业，后两家是投资机构。这些投资者的认购，不仅体现了他们对北京时代的信心，也展现了他们对于新三板高瞻远瞩的战略眼光。

经过了北京时代的试水，监管机构和企业都放开了手脚，证监会主张新三板定增应坚持“小步快跑”的原则，多次少量融资。

这为后来的新三板定增奠定了基础。

2008年，资本市场遭遇“寒冬”，北京时代进行了第二次定增，被业界誉为“资本市场冬天里的一把火”，成为一时的佳话。

挂牌新三板，北京时代获益颇多：知名度提升带来的银行授信额度提高、质押更容易、中标概率更大等，不一而足。

小额融资豁免核准制度

《非上市公众公司监督管理办法》第四十五条规定：“在全国中小企业股份转让系统挂牌公开转让股票的公众公司向特定对象发行股票后股东累计不超过二百人的，中国证监会豁免核准，由全国中小企业转让系统自律管理，但发行对象应当符合本办法第三十九条的规定。”

目前，大多数新三板挂牌企业的股东人数都不足二百人。这些企业在突破二百人之前的所有定向增发都不需要向中国证监会申请核准，只需在定增完后及时备案即可。

新三板挂牌企业大都属于中小企业，其中有不少属于高科技企业。这类企业具有轻资产、高成长的特点，其融资需求具有单次金额小、次数多、时间急的特点。新三板定增“制度豁免、随用随发”的原则减轻了挂牌企业的负担，可以做到随时需要随时发行，不仅为这类企业提供一种滚动式融资功能，也大大增加了企业融资的灵活性和弹性。

储架发行制度

储架发行，是指一次核准、多次发行的再融资制度。该制度主要适用于定增需要经中国证监会核准的情形。

储架发行，是指一次核准、多次发行的再融资制度。该制度主要适用于定增需要经中国证监会核准的情形。

《非上市公众公司监督管理办法》第四十四条规定：“公司申请定向发行股票，可申请一次核准，分期发行。自中国证监会予以核准之日起，公司应当在 3 个月内首期发行，剩余数量应当在 12 个月内发行完毕。超过核准文件限定的有效期未发行的，须重新经中国证监会核准后方可发行。首期发行数量应当不少于总发行数量的 50%，剩余各期发行的数量由公司自行确定，每期发行后 5 个工作日内将发行情况报中国证监会备案。”

例如，挂牌企业在与投资者商定好 500 万元的增资额度时，可申请 1000 万元的发行额度，先完成 500 万元的额度，后续 500 万元的额度可与投资者根据实际经营情况再行商议发行或者不发行，并可重新商议增发价格。

简单来说，储架发行制度就是一次核准、多次发行，发行一次之后，还可以根据具体情况决定后面的发行是否继续，每次发行还可以采用不同的发行价格。储架发行制度减少了行政审批次数，节约了挂牌企业的时间和成本，提高了企业融资效率，赋予了挂牌企业更大的自主发行融资权利。这对于融资次数多、金额相对较小的中小企业是非常适合的，不仅避免了大额融资造成的资金浪费或资金使用效率低下，还可以避免一次性融资额度太大引起的过度股权稀释。

知识链接

储架发行制度

储架发行（Storage Rack Issue），指的是在注册制的发行基础上，发行人一次注册，多次发行的机制。

该制度起源于美国，具备发行资格的发行人提交《储架注册说明书》，经美国证监会审核并宣布生效后，发行人即被允许通过建立“储架”，可以在三年内连续多次地发行证券，在这三年内，发行人还可以随时注册新的三年期“储架”。

与传统“一事一审”的发行机制相比，储架发行制度不是每次发行都要重新注册。这样一来，大大简化了注册的程序，提高了融资的效率和灵活性，降低了融资的成本，提升了市场效率。储架发行原本是一项适用于公众公司再融资的制度。目前，储架发行制度已被越来越多的国家（比如英国、日本、法国等国）采用。作为发展中国家，我国在新三板挂牌企业（非公众公司）再融资中也引入了该制度。

定增对象

1. 定增股票可以向谁发行

《非上市公众公司监督管理办法》第三十九条规定：“本办法所称定向发行包括向特定对象发行股票导致股东累计超过二百人，以及股东人数超过二百人的公众公司向特定对象发行股票的两种情形。”

定增所指的特定对象包括下列机构或者自然人：

公司股东；

公司的董事、监事、高级管理人员、核心员工；

符合投资者适当性管理规定的自然人投资者、法人投资者及其他经济组织。

核心员工的认定，应当由公司董事会提名，并向全体员工公示和征求意见，由监事会发表意见后，经股东大会审议批准。

公司确定发行对象时，符合后两条规定的投资者合计不得超过35

人。简单来说，就是公司每次定增的人数（包括上述的机构或者自然人）不得超过 35 人。也就是说，后续的增发，除股东以外，新增的投资人合计不得超过 35 人。

第三十九条规定调整了发行对象范围和人数限制，主要有以下几点意义：

首先，进行定增时，35 人的认购投资者数量限制并不包括公司的在册股东。这就意味着，如果股东直接参与本次定增，总的认购投资人数就可以多于 35 人，认购对象的数量就扩大了。

其次，将董事、监事、高级管理人员单独提出来，意味着挂牌企业的上述人员可以参与到定增当中。当他们参与企业的定增时，他们的利益就和股东利益绑定在一起了，从而有效地降低了上述人员的道德风险。

最后，将核心员工纳入定增的人员范畴，使其成为定增的投资人之一，有助于企业灵活地进行股权激励，激发核心员工的积极性，并为公司治理机制的完善和核心业务团队的稳定奠定了坚实的基础。

江苏铁发：首家股东超 200 人的新三板挂牌企业

江苏省铁路发展股份有限公司（简称江苏铁发，430659），是一家国有控股企业，主营业务为铁路货物运输，交通工程建设，国内物流、贸易，注册资本为 14674.31 万元。

根据公开资料显示，截至 2013 年 9 月 30 日，江苏铁发有法人股股东 21 人，持股 115119900 股，持股比例 78.45%，社会公众股股东 11491 人，持股 31623200 股，持股比例 21.55%。股东人数合计 11512 人，总股本约 1.47 亿股。

2014年3月28日，江苏铁发在新三板挂牌，成为新三板第一家登陆时股东人数就超过200人的挂牌企业。

根据《非上市公众公司监管指引第4号——股东人数超过200人的未上市股份有限公司申请行政许可有关问题的审核指引》，申请时股东人数超过200人的股份有限公司，向全国股份转让系统申请办理挂牌手续前，应先取得中国证监会核准。待取得中国证监会核准文件后，再向全国股份转让系统报送申请文件，办理信息披露、股份登记等挂牌手续。

案例分析：

股东超过200人并不能成为企业挂牌新三板的实质性障碍。

全国股份转让系统是全国性证券交易场所，与区域股权市场的主要区别在于挂牌企业股东人数能超过200人；而区域股权市场应严格执行挂牌企业股东不能超过200人（非公开），其股票不能拆细交易（非标准）、不能连续交易（非连续）的要求。

2. 合格投资者的认定

机构投资者应符合以下条件：

注册资本500万元人民币以上的法人机构；

实缴出资总额500万元人民币以上的合伙企业。

机构投资者包括证券投资基金、集合信托计划、证券公司资产管理计划、保险资金、银行理财产品，以及由金融机构或监管部门认可的其他机构管理的金融产品或资产。

自然人投资者应同时具备以下条件：

投资者本人名下前一交易日日终证券类资产市值500万元人民币

以上，证券类资产包括客户交易结算资金、股票、基金、债券、券商集合理财产品等，但不包括客户信用证券账户资产；

具有两年以上证券投资经验，或具有会计、金融、投资、财经等相关专业背景或培训经历，投资经验起算时点为投资者名下账户在全国股份转让系统、沪深两市发生首笔交易之日。

值得注意的是，500 万元的资产市值仅是一个静态数值，也就是说，这 500 万元的资产市值并不要求投资者长期保持，只要开户时满足这个条件即可。

从实际情况来看，大多数挂牌企业的定向发行对象主要集中在企业高管及核心技术人员身上。近两年，各种专业投资机构正在成为新三板定向发行的主要力量。其中，大约有超过半数的定向发行募集资金来自于创投机构。

3. 定增的定价

简单来说，定增的定价由企业和机构沟通确定，只要双方认可即可。在这一点上，新三板和主板不同，并没有硬性标准。

挂牌企业定向发行在同一次发行中，须遵循同股同价的原则，即无论认购对象是企业股东、董事、监事、高管，还是企业员工，或是企业以外的其他符合要求的自然人投资者或机构投资者，他们认购的股份价格都是一致的。

需要注意的是，在新三板的定增过程中，要求给予在册股东 30% 以上的优先认购权。当然，在册股东可以放弃该优先认购权。

通过考察近些年新三板公布预案或实施的定增，大部分挂牌企业在发行方案中披露的定价依据均为：“定价应参考企业所处行业、成长性、每股净资产、市盈率等因素，并与投资者沟通后确定。”只有少数几家企业披露的定价依据是以每股净资产作为定增依据的，比如宣爱智能（430196）、尚水股份（430080）等。不过，这些企业都有一个共同的特点，那就是定增仅面向原股东与核心员工，并没有外部投资者参与。

4. 定增的项目

除了面向原股东或者核心员工进行股权激励，定增还是企业扩展业务规模、增强自身竞争力的一项重要举措。如果属于拓展业务的定增，需要有可增资的项目，还要让意向投资者充分了解该项目。增资项目既可以是新产品的研发、新生产线的建设等直接投资，也可以是长期股权投资、并购等间接投资。不过，无论是哪一种，都要让投资者看到该项目的发展前景，并让投资者对未来的收益充满信心。

企业在寻找增资项目时，首先要对项目进行可行性研究，考虑该项目是否符合企业战略规划，是否符合现在的市场环境和行业环境，是否有利于提高企业的核心竞争力。

企业在寻找增资项目时，首先要对项目进行可行性研究，考虑该项目是否符合企业战略规划，是否符合现在的市场环境和行业环境，是否有利于提高企业的核心竞争力。

股份转让及限售

股份转让，是指股东依法将其持有的股份在股东之间相互转让或向股东以外的人转让的行为。

《全国中小企业股份转让系统业务规则（试行）》中第 2.8 条规定：

“挂牌公司控股股东及实际控制人在挂牌前直接或间接持有的股票分三批解除转让限制，每批解除转让限制的数量均为其挂牌前所持股票的三分之一，解除转让限制的时间分别为挂牌之日、挂牌期满一年和两年。

“挂牌前十二个月以内控股股东及实际控制人直接或间接持有的股票进行过转让的，该股票的管理按照前款规定执行，主办券商为开展做市业务取得的做市初始库存股票除外。

“因司法裁决、继承等原因导致有限售期的股票持有人发生变更的，后续持有人应继续执行股票限售规定。”

相比之前中关村试点期间的业务规则，2013 年版的新三板业务规则，仅对控股股东及实际控制人实行“两年三批”的转让限制，并取消了对定增股票的限售要求，不再对增资后的新增股份限售期进行规定，除非定增对象自愿做出关于股份限售方面的特别约定，否则定增是没有股票限售要求的，股东可随时转让。就是对一般股东而言，限售条件宽松了。

简单来说，如果不是定增的对象自愿锁定的话，那么定增的股份可以随时转让，但其中不含董事、监事、高级管理人员参与的定增股份，要比照《公司法》每年25%的限售条件。

无限售期要求的股东，不包括公司的董事、监事、高级管理人员，其所持新增股份应按照《公司法》第141条的规定进行限售。

《公司法》第141条规定："发起人持有的本公司股份，自公司成立之日一年内不得转让。公司公开发行股份前已发行的股份，自公司股票在证券交易所上市交易之日起一年内不得转让。

"公司董事、监事、高级管理人员应当向公司申报所持有的本公司的股份及其变动情况，在任职期间每年转让的股份不得超过其所持有本公司股份总数的25%，所持本公司股份自公司股票上市交易之日起一年内不得转让。上述人员离职半年内，不得转让其所持有的本公司股份。公司章程可以对公司董事、监事、高级管理人员转让其所持有的本公司股份作出其他限制性规定。"

根据以上内容可以总结出，依然有限售期要求的情况主要有以下几种：

第一，实际控制人或控股股东有"两年三批"的要求：解除转让限制的时间分别为挂牌之日、挂牌期满一年和两年，每批为挂牌前所持股票的三分之一。

第二，挂牌前股东的锁定期，协商自愿锁定。但如果是挂牌前十二个月内实际控制人直接或者间接进行过转让的，这些股票同比"两年三批”执行。

第三，按照《公司法》要求，股份公司成立后，发起人锁定一年。

第四，按照《公司法》要求，公司董事、监事、高级管理人员应当向公司申报所持有的本公司的股份及其变动情况，在任职期间每年转让的股份不得超过其所持有本公司股份总数的25%；所持本公司股份子公司股票上市交易之日起一年内不得转让。上述人员离职后半年内，不得转让其所持有的本公司股份。

知识链接 **新三板股份转让限制与主板股份转让限制的区别**

在对控股股东和实际控制人的股份锁定要求方面，主板上市公司的控股股东及实际控制人所持有的股票在公司上市之日起至少锁定36个月；新三板规定控股股东及实际控制人所持有的股票在挂牌之日、挂牌满一年及挂牌满两年这三个时间点可分别转让所持有股票的三分之一。

在对其他股东的股份转让限制方面，主板上市公司的其他股东，在公司上市之日起至少锁定12个月；新三板不设限制，其他股东在挂牌之日即可一次性将股票全部转让。

新三板指数

2015 年 3 月 18 日,全国股份转让系统(新三板)正式发布两只指数:三板成指和三板做市。

三板成指，全称为全国中小企业股份转让系统成份指数，指数代码为 899001，样本股共包括 332 只股票。

三板做市，全称为全国中小企业股份转让系统做市成份指数，指数代码为 899002，样本股共包含 105 只做市转让的股票。

二者均以 2014 年 12 月 31 日为基期，基点为 1000 点。

从指数功能来看，三板成指以覆盖全市场的表征性功能为主，包含协议、做市等各类转让方式股票；三板做市则聚焦于交投更为活跃的做市股票，兼顾表征性与投资功能需求。

根据中证指数公司公布的三板成指和三板做市的编制方案，最关键的指标有三个，即交易活跃度、市值及行业属性。

以三板成指为例。首先，中证指数公司将按照过去三个月日均成交金额、过去三个月日均总市值进行排名，所得排名相加得到综合排名；其次，根据综合排名降序排列，按照市值覆盖全部挂牌公司总市值 85% 来确定样本数量；最后，根据全国股份转让系统挂牌公司行业分类二级行业来分配各行业的样本。所以，做市商或投资新三板的机构，也应该按照这个优先顺序配置自己持有的股票。优先配置成交活跃的做市股，并按照市值进行排名，还要考虑行业分类的细分类。

对于自然人，从开立账户到向券商递交材料，再到通过券商审核，500 万元的资金沉淀在账户上等待验资，至少要 4 个工作日，时间成本、机会成本都比较可观。这对想参与新三板但资金不足的散户来讲，实属心有余而力不足。

知识链接

投资者参与新三板交易的流程

投资者参与新三板的股票交易，一般需要经历以下几个步骤：

第一步，选择主办券商。

投资者可在全国股份转让系统官方网站查询具有从事经纪业务资格的主办券商的名单。

第二步，主办券商审查。

主办券商会按照合格投资者认定标准，对投资者的资格进行适当性审查。主办券商需要充分了解投资者的财务状况和投资需求，并要求投资者提供相关证明性资料。

第三步，签署委托协议。

投资者与主办券商签署书面协议《买卖挂牌公司股票委托代理协议》和《挂牌公司股票公开转让特别风险揭示书》。

投资者应与主办券商在签订的委托代理协议中明确双方的权利义务。投资者在签署协议书前，应该做到认真阅读并充分理解。

签署特别风险揭示书时，要充分理解所揭示的风险，并承诺自行承担投资风险。

第四步，投资者开立账户。

投资者应当向主办券商提供开户所需资料，比如自然人的身份证、机构投资的营业执照等，以实名方式开立账户。

主办券商为投资者开立两个账户：证券账户和资金账户。其中，证券账户的开立还须遵守中证公司的有关规定。账户开立好之后，主办券商就为投资者名下的证券账户开通交易并设置权限。

第五步，投资者委托。

投资者可以通过书面、网络自助、电话、自助终端等方式委托主办券商买卖股票。

投资者可以委托主办券商代理寻找对手方达成转让协议，也可以不通过券商的报价系统，通过其他途径自寻对手方达成转让协议，再通过券商提交买卖委托成交。

第六步，主办券商接受委托。

主办券商接受委托之后，应确认投资者相应的股票和资金，按照委托的内容向全国股份转让系统申报。交易达成后，投资者交付股票或资金，主办券商也承担相应的交收责任。

投资者可以撤销委托的未成交部分。被撤销的委托，主办券商应在确认后及时向投资者交付股票或资金。

第七步，主办券商申报。

主办券商应按照投资者委托的先后顺序及时向全国股份转让系统进行申报。申报指令应按照全国股份转让系统规定的格式传送，申报当日有效。

申报价格最小变动单位为 0.01 元人民币。每次申报应当为

1000股或其整数倍，不足1000股时应当一次性申报卖出。单笔申报最大数量不得超过100万股。

第八步，交割。

买卖交易达成后，股份过户和资金交收采用逐笔结算的方式办理，股份和资金T+1日到账。

证券登记结算机构不担保交收，交收失败的（如买卖双方的资金、股份不足或被司法冻结将导致交收失败），由买卖双方自行承担不能交收的风险。

第九步，信息获取。

投资者可在主办券商处查询账户余额，在结算机构查询结算账户余额。

投资者可在全国股份转让系统网站中查询相关挂牌公司信息和股票转让行情，以及主办券商发布的相关信息。

CHAPTER

第五章

挂牌新三板需要遵循哪些流程

- 新三板挂牌流程
- 企业在挂牌过程中常见的问题及解决方法

▶

企业挂牌新三板除了要做好前期准备，还要与主办券商、律师事务所、会计师事务所、资产评估机构等中介机构合作，完成尽职调查。最终经过监管机构审核，企业即可按照规定挂牌。

新三板挂牌流程

每一家拟挂牌企业都有自己的特点，每一家主办券商也都有自己的特点，所以操作新三板挂牌项目的具体细节可能不尽相同。不过，总体上挂牌流程步骤大致相同，具体如下：

做好前期准备，清理历史问题

挂牌前，企业首先应该做好前期准备。企业家除了要对新三板有一个清楚、客观的认识，还要充分了解新三板的规则。在此基础上，再根据自己的预期，综合考虑企业的具体情况，决定是否要挂牌新三板。每家企业所处的行业和发展阶段都不相同，新三板未必适合所有的中小企业。必要时，可以咨询一下业内律师。

拟挂牌企业需成立协调小组，由董事长或总经理牵头，指定一名负责人和中介机构对接，协调各类挂牌事项。

如果经过论证，觉得企业有意愿、也有条件挂牌新三板，就可以初拟登陆新三板方案了。登陆新三板需要统筹规划一个整体方案。挂牌成功只是开始，还需要规划后续的融资和资本运营等事项。

拟挂牌企业需成立协调小组，由董事长或总经理牵头，指定一名负责人和中介机构对接，协调各类挂牌事项。企业的股东和管理层应该与主办券商、会计师事务所、律师事务所等中介机构充分沟通企业的经营、业务、法律、财务等问题。

确定主办券商，协调中介机构进行尽职调查

企业挂牌新三板会涉及多方中介机构。这些机构主要包括证券公司（主办券商）、律师事务所、会计师事务所、资产评估机构等。

1. 确定主办券商，签订协议

新三板实行的是主办券商推荐并持续督导制度。主办券商负责整个挂牌方案的制定和实施、协调中介、组织材料，以及与监管机构的沟通。某些情况下，主办券商组织还会参与企业的改制。

企业要和主办券商充分沟通拟挂牌的相关事项，初步确定挂牌的进程和方案，以及股改基准日。

主办券商虽然也属于中介机构，但可以说是企业挂牌的总指挥，在企业挂牌新三板过程中及挂牌后均起到了重要作用。所以，企业首先应该确定主办券商，并与其签订服务协议。

主办券商虽然也属于中介机构，但可以说是企业挂牌的总指挥，在企业挂牌新三板过程中及挂牌后均起到了重要作用。所以，企业首先应该确定主办券商，并与其签订服务协议。

当然，企业还可以自行聘请其他中介机构来负责相关事宜。不过，很多时候，企业挂牌都是由主办券商提供一揽子解决方案的，即由主办券商联

合其他中介机构，包括律师事务所、会计师事务所和资产评估事务所等，完成对企业的股份制改造，最后由主办券商制作并提交申请材料。

2. 成立项目小组，开展尽职调查

主办券商尽职调查，是指主办券商遵循勤勉尽责、诚实信用的原则，通过实地考察等方法，对拟挂牌企业进行调查，有充分理由确信公司符合规定的挂牌条件，以及推荐挂牌备案文件真实、准确、完整的过程。

签订协议之后，主办券商应针对拟挂牌企业设立专门的项目小组，并确定项目小组负责人及小组成员。他们均应来自券商内部。其中，项目小组负责人应该具有丰富的推荐企业挂牌的经验，还要具有投行工作经验及相关财务、法律等尽职调查的工作经验。项目小组成员要取得证券从业资格，而且项目小组至少应包括注册会计师、律师和行业分析师各一名。项目小组制定项目方案，协调其他中介机构与拟挂牌企业间的关系，跟进项目进度。

主办券商确定的项目小组会协调其他中介机构进场开展尽职调查工作。

中介机构进场后的第一项工作，就是对企业进行尽职调查。尽职调查包括法律尽职调查和财务尽职调查等，这是后续工作的基础，也是成功挂牌的重要保证。

中介机构进场后的第一项工作，就是对企业进行尽职调查。尽职调查包括法律尽职调查和财务尽职调查等，这是后续工作的基础，也是成功挂牌的重要保证。

其中，财务尽职调查主要由会计师事务所来负责。在参与股份制改造阶段，会计师事务所负责对企业财务的各方面进行尽职调查，对达到股份制改造基准的企业的财务状况进行审计，出具尽职调查报告；

协助企业完善财务内部控制和规范会计核算、协助企业完成财务内部控制的相关规范。

在申请挂牌阶段，会计师事务所财务方面的尽职调查主要包括：出具两个会计年度及一期《审计报告》；协助主办券商对企业财务问题进行审核；根据审核反馈意见进行回复，并出具核查意见或说明；补充和完善各项财务资料。

挂牌完成后，会计师事务所还要负责审计企业的年度财务报表，披露年度财务报告等。

截至2014年12月31日，我国共有40家会计师事务所参与了2014年1225家企业挂牌新三板的审计。在2014年审计会计师事务所排行榜上，排在前五位的分别为瑞华会计师事务所（142家）、立信会计师事务所（130家）、天健会计师事务所（126家）、北京兴华会计师事务所（108家）、大华会计师事务所（73家）。这五家会计师事务所均是国内进行IPO审计方面的资深事务所。

律师事务所负责各项法律文书的起草和审核，协助企业完善法人治理结构等，保证企业在改制和挂牌过程中的合法性。

在参与股份制改造阶段，律师事务所需要协助企业编制发起人协议、企业章程等一系列法律文书；协助企业完善公司治理结构和各项制度；协助企业调整股权结构；协助企业完成股份公司的创立大会；监督企业的行为，要求企业按照股份制公司的要求规范企业行为；起草企业经营过程中的各项法律文件等。

在申请挂牌阶段，律师事务所应该对企业的法律方面完成尽职调查工作，并就发现的相关法律问题出具整改方案，最后必须由律师出具《法律意见书》，确认企业挂牌新三板的合法性。

挂牌完成后，律师事务所还可以担任企业常年的法律顾问，负责企业的各项法律事务。

资产评估事务所负责改制、增资、资产买卖时的评估事项，保证作价公允。在股份制改造时，资产评估事务所负责对企业股份制改造基准日的净资产进行评估，出具评估报告。

中介机构分别完成相应的审计、法律和评估等调查工作后，由项目小组根据《主办券商尽职调查工作指引》复核会计师事务所、律师事务所、资产评估事务所分别出具的《审计报告》《法律意见书》《资产评估报告》等文件，从财务、法律和行业三个方面，开展对拟挂牌企业内部控制、财务风险、会计政策稳健性、持续经营能力、公司治理和合法合规等事项的尽职调查，发现问题、梳理问题、解决问题。

在这个过程中，拟挂牌企业应该与主办券商及各中介机构通力合作，彻底解决历史遗留问题，如出资瑕疵、关联交易、同业竞争等问题，建立健全公司法人治理结构，规范公司运作。

主办券商还应该协助企业制定可行的持续发展战略，帮助企业家树立正确的上市和资本运作观念，把握企业的盈利模式、市场定位、核心竞争力、可持续经营潜力等亮点，并制作《股份报价转让说明书》《尽职调查报告》及工作底稿等申报材料。

在尽职调查阶段，我们可能会发现企业存在这样或那样的问题，这都是正常的。出现问题不要回避，积极面对并解决问题才是最重要的，以免因为个别遗留问题导致整个挂牌流程中断。

知识链接 **中介机构尽职调查的主要内容**

1. 企业概况

企业的成立时间、注册地点、企业的结构（母公司、子公司、分公司情况），大股东（实际控制人）情况，历史沿革及股东、实际控制人变化情况。企业从事的行业及主要产品，是否属于高新技术企业，目前享有哪些政策优惠等。

2. 企业的主营业务及产品的市场

企业各主要产品的利润贡献情况（占营业收入的比例、占利润的比例），企业对各主要产品市场前景的预判，企业各主要产品的市场占有情况，各产品的主要竞争对手。产品在市场中的竞争优势，有无准入门槛等。

3. 企业的主要客户情况

销售方面：目前企业的主要客户，第一大客户占营收比例，前五大客户占营收的比例。

采购方面：企业的主要供应商，第一大供应商占采购的比例，企业前五大供应商采购比例，有没有代工工厂的情况。

4. 企业的核心竞争力、知识产权情况

目前已获得哪些知识产权证书，企业近两年的研发费用占比情况，企业研发团队的情况。

5. 企业的财务状况

企业的注册资本及净资产，企业注册资本中各类资产的结构情况，企业最近两年的主要财务数据（资产、净资产、营业收入、利润），今年的营业收入及利润情况，企业的资产结构情况，企业的负债结构情况，企业目前的投融资状况，企业预期的投融资安排。

6. 其他情况

股权转让有无限制（如质押、限制性协议），主要资产权属是否存在瑕疵（无形资产、房产、土地使用权、技术秘密），企业的独立性（人员、办公场所、资产是否与其他企业混同），同业竞争情况，关联交易问题，税收问题。

股份制改造

新三板市场以非上市股份有限公司为主，也就是说，挂牌新三板的企业的组织形式必须是股份有限公司。如果在挂牌之前，企业已经是股份有限公司，就可以将股份制改造这一步骤省略。不然，企业要想成功在新三板挂牌，进行股份制改造是必经之路。

1. 为什么要股改

企业组织形式主要有四种：独资、合伙、有限责任和股份有限（如表 5-1 所示）。具体到我国，除了大多数属于有限责任公司，也有少数企业属于其他三种。中小企业只有成为股份有限公司，才具备在新三板挂牌的主体资格。为此，不少拟挂牌新三板的中小企业就必须先要进行股份制改造，将有限责任公司改制成股份有限公司。

从资本的角度讲，独资企业和合伙企业都是要负无限责任的；有限责任公司虽然只需负有限责任，但也在一定程度上具有人合公司①的特点，非常不利于股份的自由流通；股份制公司具有资合性，公司资本被分为等额股份，转让方式灵活多样。股份制是最有效的现代企

① 人合公司是指以股东个人条件作为公司信用基础而组成的公司。其经营活动依据的是股东个人的信用状况，而非资本。无限公司就是典型的人合公司。

业制度。进行股份制改造，可以为企业挂牌后的股权流转铺平道路。

从法律的角度讲，法律制度对股份制公司的公司治理结构和股东权益保护有更严格的规定，股份制改造完成后的企业就可以建立和完善自身的企业制度，有利于企业的长足发展。

表 5-1 企业组织形式一览表

项 目	独资企业	合伙企业	有限责任 / 股份有限企业
所有者数量、称谓	一个，独资者个人	两个或两个以上，合伙人	众多，股东
企业组织寿命	取决于独资者个人的选择或寿命	取决于合伙人的选择或寿命	没有期限
所有者个人是否对企业的债务承担责任	独资者个人要承担无限责任	合伙人要承担无限连带责任	股东不以个人财产对企业债务承担责任
企业组织的法律地位	不是法人	不是法人	公司属于企业法人，与股东相分离

注：从企业组织类型来看，在我国的法律框架下，除了合伙、独资、有限责任、股份有限，还存在外商独资、中外合资和中外合作等形式。

2. 怎么进行股份制改造

第一种情况，改制前属于独资企业或者合伙企业。

如果中小企业在改制前属于独资企业或者合伙企业的话，是不能够直接改制为股份有限公司的。究其原因，主要就是独资企业和合伙企业是要负无限连带责任的，而有限责任公司和股份有限公司是只需要负有限责任的。在这种情况下，企业如想登陆新三板，就需要结束原来的企业，再重新组织企业。

第二种情况，改制前属于有限责任公司。

在实际操作中，准备在新三板挂牌的企业大都属于有限责任公司。

从形式上来说，所谓股份制改造，就是把有限责任公司的股东人数、注册资金、公司设立方式、组织机构等各方面都改造成符合《公司法》中股份有限公司的要求。

在实践中，有限责任制的企业进行股份制改造大都采用发起设立和整体变更两种方式。

第一，发起设立。就是由原来的有限责任公司作为发起人，与其他发起人共同发起设立股份有限公司。从本质上来讲，这种方式就是重新设立股份有限公司。

采用这种方式，在实践中有一定局限性。因为要求企业在改制时注销原来的企业，对新设立的股份有限公司进行重新登记，还要征得原来企业债权人的同意。所以，新设立的股份有限公司的存续时间和业绩只能从该股份有限公司设立之日起计算。在这种情况下，对拟挂牌新三板的公司来说，存续时间就可能不符合“存续时间满两年”这个要求了。

第二，整体变更。就是将原有限责任公司的全体股东作为发起人，将公司原来的全部净资产折合成股份，将有限责任公司整体改制成为股份有限公司，原股东不变。

参照《全国中小企业股份转让系统业务规则（试行）》的相关规定，非上市公司申请在全国股份转让系统挂牌的条件为依法设立且存续满两年。有限责任公司按原账面净资产值折股整体变更为股份有限公司的，存续期间可以从有限责任公司成立之日起计算，采用整体变更为股份有限公司的方式，很容易就符合“存续时间满两年”的规定。所以，这种方式也就成为新三板挂牌公司采用最多的股份制改造方式。

3. 股份制改造主要的步骤

进行股份制改造，大致需要经过以下几个步骤：

第一步，召开董事会。

由原有限责任公司召开准备进行股份制改造的董事会会议，审议整体变更为股份有限公司的议案。

第二步，召开股东会。

由原有限责任公司召开准备进行股份制改造的股东会会议，审议整体变更为股份有限公司的议案，同意有限责任公司的债权债务及其他权利和义务由依法变更后的股份有限公司依法继承。

第三步，中介机构完成阶段性工作。

主办券商制作申请挂牌新三板的相关文件和资料，律师完成法律意见书。

第四步，召开职工大会。

召开职工大会（全员）或者职工代表大会，选举由股份有限公司职工代表担任的监事。

第五步，召开创立大会。

召开股份有限公司创立大会暨第一次股东大会。审议关于股份有限公司筹办的报告，以及各项股份有限公司议事规则。

第六步，召开股份有限公司第一次董事会会议、第一次监事会会议。

第七步，办理工商登记。

向工商局报送股份有限公司设立的材料；工商局核发新的营业执照，股份有限公司正式成立。

第八步，公司与各中介机构沟通，完成最终申报材料。

公司与主办券商沟通的主要内容是《股份报价转让说明书》《推荐

挂牌报告》，与律师和会计师沟通的主要是《法律意见书》《审计报告》等内容。

主办券商内部审核

企业在挂牌之前需要先由主办券商进行内部审核（以下简称“内核”），这是新三板挂牌过程的一个重要环节。

注意，券商内核不等于券商尽职调查！

主办券商除了要针对每一家拟挂牌企业设立专门的项目小组，每一个项目组负责一家企业的所有挂牌事宜，如尽职调查、制作推荐文书等，还要成立内核委员会，负责审议拟挂牌企业的书面备案文件，并决定是否向协会推荐挂牌。

1. 主办券商内核

主办券商业务内核委员会对前述项目小组完成的《股份报价转让说明书》及《尽职调查报告》等相关备案文件进行审核，出具审核意见，关注项目小组是否已按照《尽职调查工作指引》的要求对拟推荐挂牌企业进行勤勉尽责的尽职调查；发现存在仍需调查或整改的问题，提出解决思路；同意推荐挂牌的，出具《推荐挂牌报告》。

2. 内核机构的人员及工作重点

主办券商还必须建立内核机构和内核工作制度，由内核机构审核推荐文件和挂牌申请文件。

内核机构至少应有 10 名成员。成员必须具备相关工作经验，并符合下列条件之一：

具备注册会计师或律师资格并在相关专业领域或投行领域具有3年以上从业经历；

具有5年以上投行从业经历；

具有相关行业高级职称的专家或从事行业研究5年以上的分析人员。

主办券商应建立内核机构的工作制度，对内核机构及人员的职责、程序等进行规定。另外，内核人员应该保持独立、客观、公正。主办券商还应将内核机构的工作制度、成员名单及其简历在全国股份转让系统指定的信息披露平台上进行披露。

内核机构对项目组制作的推荐文件和挂牌申请文件进行审核后，需要发表以下几方面的审核意见：

申请挂牌企业是否符合挂牌条件；

主办券商设立的项目小组是否已经完成对申请挂牌企业的尽职调查；

申请挂牌企业拟披露的信息是否符合新三板有关规定等；

是否同意推荐该拟挂牌企业进行挂牌。

券商内核会发现拟挂牌企业存在的各方面的问题、缺陷及遗漏之处，会要求企业进行相应的解决、修改和补充，如此反复，直至券商内核委员会确认已经没有问题。

报监管机构审核

监管机构的审核阶段是企业能否在新三板挂牌的决定性阶段。

如果主办券商完成以上一系列工作，通过内核机构审核后，认为该拟挂牌企业符合挂牌条件并推荐挂牌，就将推荐挂牌报告等挂牌申请资料报送全国股份转让系统公司。

全国股份转让系统公司在收到申报材料后，应对拟挂牌企业的材料进行初步审查，如需补充材料的应及时给予反馈意见。如果符合申报材料的全部要求，应出具同意挂牌的审查意见，出具《同意挂牌函》。

挂 牌

拟挂牌公司在获得全国股份转让系统审核及证监会核准后，就可以进入挂牌的流程了。

挂牌过程具体包括：

第一，申请证券代码、证券简称并缴纳挂牌费及年费，办理解除首批股份限售（如果需要的话）。自2014年5月19日之后，新三板挂牌的股票代码为83开头的六位数字（之前挂牌的为43开头的六位数字）。

第二，股份登记和托管。

依据《试点办法》的要求，投资者持有的拟挂牌公司的股份应当托管在主办券商处，初始登记的股份也应托管在主办券商处。推荐主办券商取得协会备案确认函后，辅助拟挂牌公司在挂牌前与中国证券登记结算有限责任公司（简称“中国结算”）签订证券登记服务协议，办理全部股份的集中登记。

申请挂牌公司在其股票挂牌前，应当与中国结算签订证券登记及服务协议，办理全部股票的集中登记。

第三，申请挂牌，发行股票融资，披露相关发行股票的相关信息。

第四，举行挂牌仪式。

参照前述六个步骤，一般而言，如果企业需要股份制改造，需要2～3个月；主办券商协调中介进场尽职调查及内部核查需要1～2个月；报全国股份转让系统审查和反馈，大约需要2个月；经核准后即可以进行股份登记挂牌。全部流程走下来，预计约半年时间即可挂牌新三板。当然，如果企业自身存在法律或财务等方面的问题障碍，需要进行调整，前述时间就会有变化。

企业在挂牌过程中常见的问题及解决办法

企业的历史沿革问题，很多都是根本性、原则性的问题。这些问题不解决，会对准备 IPO 的企业和打算挂牌新三板的企业产生关键性影响。特别是挂牌新三板的企业，大都属于中小企业，它们在这方面的问题可能会更严重。

无论在企业自查阶段，还是在券商尽职调查、券商内核阶段，或是在全国股份转让系统审核阶段，都会发现拟挂牌企业存在一些常见问题。以下就对这些常见问题进行简要解析。

企业设立时存在的历史沿革问题

一般而言，对于历史沿革问题，中介机构会积极努力在现有企业框架内加以解决，但是确实无法彻底解决的，也只能建议企业放弃现有企业外壳，重新设立公司运营。而后者是企业和中介机构都不希望看到的。

企业设立存在历史问题，主要体现在企业的出资、设立手续等方面。

1. 出资问题

出资方面的问题，主要集中在股东出资方式不合规范、出资不实或者出资未经法定程序验证等方面。

按照相关法律规定，企业股东可以用现金、知识产权及其他可以货币化的无形资产作为出资方式。同时，法律还规定，如果出资形式是知识产权等无形资产，必须进行评估验资，而且此类出资在公司成立时的注册资本中的占比不能高过 70%。

尽管规定非常明确，可在具体实践中，企业在出资方面还是状况百出：

有的股东存在虚假出资的情况；

有的股东以无形资产作为出资方式，但比例超过了法律规定的 70%；

有的股东以无形资产作为出资方式，但没有进行验资评估；

有的股东以人力资本出资，但由于缺乏相应的参照物和评估标准，导致验资困难；

有的股东在出资问题上与其他股东或相关利益人存在重大纠纷或争议，或者存在担保限制权属；

有的股东以非自有资产或者有重大瑕疵的资产作为出资方式，比如以其他人员或公司的知识产权作为自己的出资；

有的股东在出资过程中出现了中介机构代支付出资的情形，而这种情形容易引发股东身份、股东资格认定方面的争议。

解决办法：

如果股东出现虚假出资问题，就应当由相应的股东以现金出资的方式予以补足，并且做出对出资问题造成的损失承担全部责任的承诺。

如果出资问题涉及无形资产，就应当针对该资产重新进行评估验资，不足的部分由相应的股东补足。同时，该股东还需做出承诺，承担之前由于无形资产评估不准带来的责任。

如果出资问题涉及中介结构代垫代缴的情况，需具体问题具体分析。确实存在出资不足的，要由相应的股东补足，并说明自己的实际出资情况，承诺承担相关的责任。

当然，有些出资问题即使通过上述途径也无法彻底解决，这就需要相关中介机构对企业的出资情况重新进行综合评估，然后再决定如何解决。

2. 出资登记手续问题

出资登记手续方面的问题，主要是企业实际出资与工商登记不符的问题。具体体现在企业在以实物（如房产、车辆等）或无形资产（如著作权、专利权、非专利技术等）等方式出资时没有及时完成权属转移手续等方面。也就是说，股东虽然出资，但并没有将上述资产的所有权从自己名下转移至企业名下，也没有进行出资验资登记手续；从所有权上来看，这些资产还是属于股东（即出资人）的。

当然，工商登记可能出错的情形也并不能排除。

解决办法：

遇到出资登记手续方面的问题，企业需要与工商机关进行积极的沟通和协调。如果是未及时办理转移权属手续的，要主动将资产所有权转移至企业名下，并由相应的股东承担相关责任；如果是工商登记出错的，需及时进行情况说明，对错误的工商登记予以纠正。

企业存续期间的历史问题

企业存续期间的历史问题主要体现在企业的增资、股权转让、资产交割、涉税等方面。

1. 增资问题

增资方面的主要问题包括以下几点：

企业增资没有经过股东会表决，且没有进行评估验资；

国有出资企业增资未进行国有资产评估，未办理报批手续；

股东或投资人在增资过程中存在虚假出资、以企业资产作为自己出资方式等现象。这类问题与前述的出资问题类似。

解决办法：

如果企业增资没有经过股东大会表决，需要股东补充出示有关决议文件；

如果国有出资企业增资未进行国有资产评估，也未办理报批手续的，需要补充进行国有资产评估，并将评估报告上报国资委，确保不存在低估国有资产和国有资产流失等问题；

股东或投资人在增资过程中的出资问题，与企业设立初期时的出资问题类似，处理起来比较复杂，需要进行综合考虑。

2. 股权转让问题

在股权转让过程中，可能出现的问题主要如下：

股权转让对价不清晰，比如股权转让对价出现零对价股权转让或者明显的不公允，却未在股权转让协议中进行任何说明；

股权转让不真实，或挂牌前突击投资向某些中介机构输送利益；

涉及私募股权投资的股权转让，在处理和解决对赌协议、优先权条款等问题方面有失公允；

涉及国有出资企业、集体企业的股权转让，未履行资产评估及报批手续。

解决办法：

针对股权转让过程中的常见问题，我们需要请参与股权转让双方（即转让方和受让方）还原事件真实面貌，并出示有关承诺函，承诺在本次股权转让过程中不存在任何争议和纠纷，如有争议和纠纷，承诺承担因此而带来的相关责任。

针对私募股权投资的股权转让，如果要解决对赌协议和优先权方面的问题，原则上挂牌前予以解决即可。如果挂牌企业需要进行改制，则可以在改制时予以处理。

3. 资产交割问题

通常情况下，关联企业之间更容易出现资产交割不清楚、权利义务不明确的问题。它们要进行关联资产及业务的并购或者剥离，就会涉及一些实物资产（如房屋建筑物、生产设备等）或知识产权的交割。

解决办法：

拟挂牌企业在处理关联交易及同业竞争问题时就需要处理资产交割。处理资产交割问题的方法与处理股权转让时的方法类似，需要交割双方明晰交割时的实际情况，明确这些资产的交割及承继关系，并且由资产交割双方出示有关承诺函。

4. 涉税问题

对拟挂牌企业来说，涉税问题不容小觑。无论是在改制过程中，还是在引入战略投资者环节，如果涉税问题处理不好，很可能会阻碍挂牌进程，导致挂牌失败。

在新三板挂牌流程中的尽职调查环节，会计师事务所进行的财务尽职调查是一个重要的前置环节，其内容之一就是企业以往的税务处理是否合法合规。

在新三板挂牌流程中的改制环节，券商在尽职调查中所做的重点工作之一，就是企业解决关联交易和同业竞争问题。解决同业竞争问题往往会涉及注销、清算或并购重组，其中涉及的税务问题都较复杂，需要拟挂牌企业高度重视。

作为审核机构的证监会和全国股份转让系统，对拟挂牌企业关联交易和同业竞争高度关注的，主要是为了避免挂牌企业的大股东利用关联方交易实施利益输送，损害挂牌企业及中小股东的利益。

税务机关也非常关注拟挂牌企业的关联方交易问题，避免企业利用关联关系进行偷漏税。

根据实践经验，监管部门在审核挂牌企业时，主要看企业是否有偷逃税款的主观故意。如果只是会计差错导致少量补税，只要信息披露充分也是可以的；但如果拟挂牌企业在挂牌前出现大量临时性补税，又缺乏合理性说明，即使没有偷逃税款的主观故意，挂牌仍旧存在很大风险。

以上仅仅是对企业挂牌新三板过程的一个简单描述，对涉及的问题也只是初步分析。在实际操作中，情况往往要复杂得多，会出现很多具体问题和需要注意的细节。作为拟挂牌企业，只需要对挂牌流程有个大致的了解，没必要深入研究。因为只要项目一启动，自然会有券商及律师来掌握流程和节奏。企业只需要充分与主办券商及相关中介机构及时沟通，尽力配合，积极解决和应对就可以了。

虽然挂牌新三板远远没有 IPO 那样要求严格，但中小企业家应该引起重视，完全可以将挂牌新三板作为一次资本市场练兵的好机会，理顺企业历史沿革问题，规范公司治理，规范关联交易和同业竞争，调整主营业务。对待这些问题要严格按照新三板挂牌要求并参照 IPO 标准进行操作，严格要求对企业有百利而无一害。相信企业会从挂牌新三板过程中获益匪浅，最终实现自身的提升和转变，从而彻底与资本市场结缘，实现与资本市场的完美结合。

知识链接 2014年版《公司法》中关于股份有限公司设立条件的规定

从 2014 年 3 月 1 日起，2014 年版《公司法》开始正式实施。在 2014 年版《公司法》中，股份有限公司的设立条件相比于以前有了一些变化，具体如表 5-2 所示。

表 5-2 新旧《公司法》相关内容对比

项目	2014 年版《公司法》	2006 年版《公司法》
设立股份公司，应具备的条件	第七十六条 设立股份有限公司，应当具备下列条件： （一）发起人符合法定人数； **（二）有符合公司章程规定的全体发起人认购的股本总额或者募集的实收股本总额；** （三）股份发行、筹办事项符合法律规定； （四）发起人制订公司章程，采用募集方式设立的经创立大会通过； （五）有公司名称，建立符合股份有限公司要求的组织机构； （六）有公司住所	第七十七条 设立股份有限公司，应当具备下列条件： （一）发起人符合法定人数； **（二）发起人认购和募集的股本达到法定资本最低限额；** （三）股份发行、筹办事项符合法律规定； （四）发起人制订公司章程，采用募集方式设立的经创立大会通过； （五）有公司名称，建立符合股份有限公司要求的组织机构； （六）有公司住所

（续表）

项目	2014 年版《公司法》	2006 年版《公司法》
发起式设立股份有限公司的规定	第八十条 股份有限公司采取发起设立方式设立的，注册资本为在公司登记机关登记的全体发起人认购的股本总额。在发起人认购的股份缴足前，不得向他人募集股份。 **股份有限公司采取募集方式设立的，注册资本为在公司登记机关登记的实收股本总额。** 法律、行政法规以及国务院决定对股份有限公司注册资本实缴、注册资本最低限额另有规定的，从其规定	第八十一条 股份有限公司采取发起设立方式设立的，注册资本为在公司登记机关登记的全体发起人认购的股本总额。**公司全体发起人的首次出资额不得低于注册资本的百分之二十，其余部分由发起人自公司成立之日起两年内缴足；其中，投资公司可以在五年内缴足。在缴足前，不得向他人募集股份。** **股份有限公司采取募集方式设立的，注册资本为在公司登记机关登记的实收股本总额。** 股份有限公司注册资本的最低限额为人民币五百万元。法律、行政法规对股份有限公司注册资本的最低限额有较高规定的，从其规定
发起式设立，对发起人认缴出资的规定	第八十三条 **以发起设立方式设立股份有限公司的，发起人应当书面认足公司章程规定其认购的股份，并按照公司章程规定缴纳出资。以非货币财产出资的，应当依法办理其财产权的转移手续。** 发起人不依照前款规定缴纳出资的，应当按照发起人协议承担违约责任。 **发起人认足公司章程规定的出资后，应当选举董事会和监事会，由董事会向公司登记机关报送公司章程以及法律、行政法规规定的其他文件，申请设立登记**	第八十四条 以发起设立方式设立股份有限公司的，发起人应当书面认足公司章程规定其认购的股份；**一次缴纳的，应即缴纳全部出资；分期缴纳的，应即缴纳首期出资。以非货币财产出资的，应当依法办理其财产权的转移手续。** 发起人不依照前款规定缴纳出资的，应当按照发起人协议承担违约责任。 **发起人首次缴纳出资后，应当选举董事会和监事会，由董事会向公司登记机关报送公司章程、由依法设定的验资机构出具的验资证明以及法律、行政法规规定的其他文件，申请设立登记**

通过表5-2，我们可以看出，2014年版《公司法》在以下几个方面有所改变：

将以前的注册资本的实缴制，改为认缴登记制。

也就是说，取消公司股东（即发起人）应自公司成立之日起两年内缴足出资的规定，采取公司股东（发起人）可以自主约定认缴出资额、出资方式和出资期限等。当然，特别规定仍需要注册资本实缴制的除外。

大大放宽了注册资本的登记条件。

取消了股份有限公司注册资本应达到人民币500万元的最低限额，也不再限制设立时的公司股东（发起人）的首次出资比例及货币出资比例。

简化了公司设立的登记事项。

有限责任公司股东认缴的出资额、公司实收资本不再作为登记事项；公司登记时，也不需要提交验资报告。

2014年版《公司法》中，第四章“股份有限公司的设立和组织机构”也有一些重要信息是没有变化的。

比如，股份有限公司的设立，可以采取发起设立或者募集设立的方式。

设立股份有限公司，应当有两人以上200人以下为发起人，其中须有半数以上的发起人在中国境内有住所。

C H A P T E R

第六章

挂牌新三板后，企业还要关注什么

- 企业的全方位升级
- 信息披露
- 主办券商持续督导
- 并购
- 转板
- 探索优先股等融资工具
- 摘牌

除了融资，通过股份制改造进行规范、改造企业股权结构、强化竞争能力、提升企业品牌、吸引更优秀的人才等也都是企业挂牌新三板实实在在的目标。企业挂牌新三板不仅要融资，更要整合优质资源。

对于成功挂牌的企业来说，挂牌新三板只是一个开始，万里长征才走完第一步。挂牌之后的融资和资本运营才是重点，才是对企业真正有意义、有价值的事情。然而，对于中小企业来说，进入资本市场既是一次严峻的考验，又是一场艰苦的修行，更是企业和企业家的重生。

中小企业到新三板挂牌的意图是多种多样的。融资是最为普遍的需求，而通过股份制改造进行规范、改造企业股权结构、强化竞争能力、提升企业品牌、吸引更优秀的人才等也都是实实在在的目标。企业挂牌新三板，不仅要融资，更要融智、融知和整合优质资源。

企业的全方位升级

企业在新三板挂牌，既是对企业家战略思维转型的考验，也是对企业家在新环境下谋求发展、寻找新的成长机会、转变经济增长方式的考验；不仅是对企业家本身的考验，也是对企业整个运营团队的考验。

由于历史背景不同，成长环境和成长状态不同，每一家挂牌企业面临的问题、追求的梦想也不尽相同。不过，挂牌新三板的企业和企业家团队，或多或少都会在以下几个方面，遭遇重大挑战与成长考验。

企业家商业逻辑的升级

企业成功挂牌后，首先要面对的就是思维模式的转变。

企业成功挂牌后，首先要面对的就是思维模式的转变。

此前，大部分中小企业，尤其是民营中小企业，一直处在野蛮生长的状态。与此同时，一些固有的商业逻辑也在中小企业领导者心中生根发芽。即便外界环境已经发生改变，这些固有的运营逻辑也还在发挥着不小的作用。比如，企业已经挂牌新三板，有的企业老板还保留着创业早期形成的习惯，喜欢搞“一言堂”，无论是业务上，还是财务上，都喜欢自己说了算。

挂牌之后，企业成了公众公司，投资者和其他股东也会随之出现。不仅如此，不少企业中的一些团队骨干也会成为该企业的股东。所以，挂牌后企业经营理念如何调整，企业价值观如何升级转型，便成为考验企业老板及其核心团队的一个重要门槛。

众所周知，习惯的养成不是一朝一夕就可以实现的，思维的升级转型也不可能一蹴而就。企业老板及其核心团队要应对企业挂牌带来的新考验，接受监管机构和社会大众的监督，不仅需要勇气，更需要高智商和高情商，需要勤于学习，不断提升自己，促成自身思维方式的转变。

企业的持续规范运营

企业成功挂牌后，还有一个难题就是持续规范运营，接受社会和监管机构的监督。

随着新三板市场不断成熟，各项制度和功能不断完善，各项业务规则也越发精细化，其对挂牌企业持续规范化运营的监管也会越发严格。

在信息披露方面，挂牌企业需要披露的年度报告等资料当中的信息更加透明。这对企业家、高管、财务总监、董事会秘书和监事会成员来说，是一场全新的考验。

在“三会一层”方面，要在公司治理、内部控制、风险规避等方面保障投资者权益；特别是更清晰地让投资者了解企业的有关运营情况，减少因信息偏差而产生的投资风险，同时在企业的商业模式、战略规划、业绩释放方面持续给投资人提供信心，以有效提高企业的投资价值。

在财务工作方面，不仅要做好基础的财务工作，还要满足会计准则、审计准则的标准要求。

在经营运作方面，要满足现行法律法规的要求，特别是在公司治理、内部控制、业务规范上面要定期接受持续督导。

在公司的目标管理、资源配置、权力分配、责任落实方面，要制定并有效运行各项规章制度。

处理好持续经营、营收增长、关联交易、同业竞争等问题。

管理升级，促进团队成长

挂牌新三板之后，大多数企业实现了融资的目标，企业规模有所扩大。相应地，业务上会有所扩张或转型，产业链方面要整合。这也要求企业的管理团队从各个方面都要适应资本市场，转变思路，不断提升整体素质。

面临新的竞争环境，大部分企业都需要重新梳理组织再造、系统再造、流程再造、机制变革，全面提升组织效率和相关能力。企业管理效率的高低、管理水平的高低、企业家管理素质的高低，直接决定了企业的可持续发展能力。

在“三会一层”方面，要制定并统一战略思想、工作作风和行为模式。

在业务层面，要系统全面地梳理和优化企业的业务、财务、税务及行政事务等。企业所有业务层面的梳理都必须围绕企业总体战略目标来部署。

在员工层面，要转变管理方式，在岗位培训、职责考核、绩效评价、奖惩举措、后续教育等方面，建立一套持续改善、持续监督、及时奖惩的方式和方法。

企业管理体系和方式的转型，也是对管理团队一个新的挑战。因此，企业家和创业团队需要持续地学习新知识、掌握新技能、增强实战技巧。这是决定企业在新三板能够生存和发展的竞争软实力。

战略转型、商业模式落地

战略转型，最重要的是把握好机遇，调整好方向，找好切入点。企业挂牌新三板，融入资金仅仅是需求之一，而整合各项资源、重新构筑企业的竞争优势，才是关键。企业可以借助新三板，引入战略投资者，在主办券商等中介机构的辅导和帮助下，重新审视企业所处的产业及未来的成长机遇，梳理产业链上的价值构造。能否及时抓住产业发展的机遇，有的时候靠的不仅仅是运气，更是胆识。

如果登陆新三板之后，企业既没有发生任何质变，又没有成功融资，就很可能会遭遇发展危机。资本市场竞争日益激烈，并购正在暗流涌动。企业如果不能及时突破发展过程中的“天花板”，及时壮大自己，就可能成为已经借助新三板发展壮大的企业的“盘中餐”。

商业模式不仅仅是停留在商业计划书、股份转让说明书中的一个概念，更是一个集商业思想、技术壁垒、文化含量于一体的综合性的企业发展和盈利的逻辑系统。

商业模式要落地，该如何设计和运行、如何优化和调整，是企业挂牌新三板之后需要认真谨慎处理的问题。

商业模式要落地，该如何设计和运行、如何优化和调整，是企业挂牌新三板之后需要认真谨慎处理的问题。

一些经验不足的小企业却选择由主办券商一手包办新三板挂牌流程中的内容工作。有的企业老板对自家企业的商业模式的核心、内容、本质及运行体系，没有清晰的认知；或者只是有大概思路，并没有如何落地的有效措施。不同的企业有不同的商业模式，不同的商业模式落地有不同的解决方案，不能照搬其他企业。所以，挂牌新三板后路演也是每家企业必做的功课。

资本运营能力

企业在新三板挂牌前后的资本运作，无论是在交易规则，范围和体量、运行方式多样性方面，还是在监管机制方面，都存在极大的差别。

在新三板挂牌前，中小企业面临的资本环境是非常单纯的，要融资基本上只有靠银行贷款，诸如抵押贷款、担保贷款或私人借贷，基本上没有接触过高大上的资本运作。

企业进入新三板，就相当于踏入了资本市场的演兵场。在这里，企业家要从创业家变成“资本家”，要学会运用股权转让、股权质押、发行债券、发行股票等方式进行直接融资。他们需要学习和掌握的东西非常多：从相关法律、财务概念、金融工具、金融杠杆到引进风投，从商务谈判到对赌协议和估值定价，从股权激励到资源重组和并购整合，从价值发现到市值管理，等等。企业家从以前埋头生产经营到熟悉资本市场规律，掌握资本市场规律，这对企业家来说，既是一次飞跃，也是一次挑战。

企业文化提升

新三板为中小企业打开了一扇通向资本市场、通向财富的大门，也对企业家提出了新的考验：企业家到底能不能从“资本家”成长为“知本家”？登陆新三板之后，企业文化、企业的价值观能不能经受住二次创业的考验？这都是企业家需要慎重思考并最终要解决的问题。同时，这种考验也关系着企业文化能否从朴素文化蜕变为法治文化、创新文化。

那么，企业如何做才能经受住考验，从而在二次创业中将企业引向可持续发展的道路呢？只能靠企业文化的提升和现代企业制度的进步。只有如此，企业才能成为一个有活力的团队，才能突破成长路上一个又一个瓶颈，才能实现可持续发展。

信息披露

企业新三板信息披露，是指挂牌公司按照法律法规，按照《全国中小企业股份转让系统挂牌公司信息披露细则（试行）》和全国股份转让系统的其他规定，在全国股份转让系统公司网站上公告信息的行为。

挂牌企业要披露信息

1. 挂牌企业信息披露的业务流程

挂牌企业准备披露文件并报主办券商审查；

主办券商事前审查并提交信息公司；

信息公司公告处理及披露；

公告披露后的事后处理。

2. 对挂牌企业信息披露的要求

第一，挂牌企业应当按照法律法规和证监会的规定，真实、准确、完整、及时地披露相关信息，不得有虚假记载、误导性陈述或者重大遗漏。企业应当向所有投资者同时公开披露信息。

第二，制定信息披露管理制度，企业披露的内容经董事会审议后，及时向全国股份转让系统报备并披露。

第三，应当在挂牌时向全国股份转让系统报备董事、监事、高级管理人员的任职、职业经历及持有挂牌企业股票情况。上述报备发生变化时，应在两个转让日内更新报备。

第四，要设置董事会秘书或信息披露义务人，并应董事会秘书或信息披露义务人的任职及履历及其变更进行报备并披露。

第五，应当建立与股东间的有效沟通渠道，对股东或者市场质疑的事项应及时、客观地进行澄清或说明。

企业披露的重大信息，都要经过主办券商的审查。企业不得披露未经主办券商审查的重大信息。企业披露信息时应突出重点，并进行模板化展示。挂牌企业在其他媒体披露信息的时间不得早于指定披露平台的披露时间。

主办券商要持续督导

对挂牌企业的信息披露，主办券商要持续督导。

主办券商需要承担的责任主要有：

持续督导；

督导挂牌公司完善公司治理和履行持续信息披露义务；

主办券商对公司拟披露信息进行事前审查。

主办券商应当指导和督促所推荐的挂牌公司规范履行信息披露义务，对其信息披露文件进行事前审查。发现拟披露的信息或已披露的信息存在任何错误、遗漏或者误导，或者发现存在应当披露而未披露的事项，主办券商应要求挂牌公司进行更正或补充。

挂牌公司拒不更正或补充的，主办券商应当在 2 个转让日内发布风险揭示公告并向全国股份转让系统公司报告。

全国股份转让系统公司要进行审核

1. 事后审查

全国股份转让系统公司对已披露的信息进行事后审查。

新三板要求信息披露遵守真实、准确、完整的披露要求，企业年报、半年报、重要的董事会股东会公告都要披露，大框架与主板一致。

同时，证监会会对新三板市场主体进行监管。如出现信息披露和交易方面的违规事件，证监会可以稽查和移送公安机关。近期，证监会已经针对交易问题采取了一些监管措施，部分已经移交稽查。

2. 风险警示

挂牌公司出现下列情形之一的，全国股份转让系统应对股票转让实行风险警示，在公司股票简称前加注标识并公告：

最近一个会计年度的财务报告被出具否定意见或者无法表示意见的审计报告；

最近一个会计年度经审计的期末净资产为负值；

全国股份转让系统规定的其他情形。

新三板首次警示信息披露违规企业

2014年3月，全国股份转让系统针对两家挂牌企业在2012年年报披露中存在的违规行为，对两家企业出具了警示函，并要求企业提交书面承诺的自律监管措施。这也是新三板首次对挂牌企业的信息披露违规行为采取警示。

其中，A企业在2012年年报中对存货的期初数进行了调整，但未披露存在前期差错更正，也未列示调整前后数据对比，而是直接将相关财务数据进行替换，构成了信息披露内容不完整的违规事实。

B企业在会计师事务所对其2011年年报进行重新审计，大范围修改了财务数据后未及时披露更正公告，在时隔近1年之后才进行披露。此外，该企业在2012年年报中未披露存在前期差错更正，也并未列示调整前后数据。

新三板对这两家企业采取了出具警示函、要求提交书面承诺的自律监管措施。两家企业的主办券商，也未能督导挂牌企业诚实守信、规范履行信息披露义务。其中一家企业的会计师事务所未能勤勉尽责地履行审计师职责，违反了有关规定。

案例分析：

A企业属于信息披露不充分；B企业属于信息披露不及时，也不充分。

按照《企业会计准则第28号——会计政策、会计估计变更和差错更正》的相关规定，对企业前期的会计差错进行更正，企业需要进行充分披露。

所谓充分披露，具体来讲，是要在报表附注中披露如下内容：

会计差错的性质；

各个列报前期财务报表中受影响的项目名称和更正金额；

无法进行追溯重述的，说明该事实和原因及前期差错开始更正的时点、具体更正情况。

按照《企业会计准则》的相关规定来看，A企业直接将更正后的数据列示出来，没有体现更正的痕迹，没有按照规定充分披露；B企业披露不及时，也不充分。

挂牌企业信息披露的原则

挂牌企业在信息披露时要遵循适度披露的原则。企业定期报告只须披露年度报告、半年度报告及临时报告。

按照《企业会计准则》的要求编制财务报告，年度报告必须经过审计，不要求披露季报。

挂牌企业信息披露的形式

新三板信息披露的形式，采用电子化披露方式，降低了企业披露成本。

全国股份转让系统于2013年7月发布了《全国中小企业股份转让系统临时公告格式模板》，并于2014年7月进行了修订。该模板提供给挂牌企业涉及关联交易等共15类模板，供挂牌企业参考，挂牌企业可以在全国股份转让系统网站上下载使用。

《非上市公众公司监管指引第1号——信息披露》规定："挂牌公司

应当本着股东能够及时、便捷地获得公司信息的原则，并结合自身实际情况，自主选择一种或者多种信息披露平台，如非上市公众公司信息披露网站、公共媒体或公司网站，也可以选择公司章程约定的方式或者股东认可的其他方式。无论采取何种信息披露方式，均应当经股东大会审议通过。”

挂牌企业信息披露的内容

挂牌企业信息披露包括挂牌前的信息披露和挂牌后的持续信息披露。其中，挂牌后信息披露包括定期报告和临时报告。

披露的文件主要包括：公开转让说明书、定向转让说明书、定向发行说明书、发行情况报告书、定期报告和临时报告等。

1. 定期报告

定期披露的报告主要有两类：

第一类，年度报告。

挂牌公司应当在每个会计年度结束之日起四个月内编制并披露年度报告。

年度报告应披露如下内容：

公司基本情况；

最近两年的主要财务数据和指标；

管理层讨论与分析本年度内的主要经营情况，对持续经营能力进行评价，对下一年度经营计划或目标进行说明；

重要事项。本年度内发生的所有诉讼、仲裁事项，本年度内履行的及尚未履行完毕的对外担保合同、股权激励计划、关联交易，以及股东及关联方以各种形式占用或者转移公司的资金、资产及其他资源；

股东变动及股东情况；

董事、监事、高级管理人员及核心员工的情况；

公司治理及内部控制情况；

财务报告；

备查文件目录。

第二类，半年度报告。

企业的半年度报告应当在每个会计年度的上半年结束之日起两个月内披露。

至于季度报告，可以披露，也可以不披露，不做强制要求。

如果披露，需要在前三、六、九个月结束后的一个月内披露季度报告。披露季度报告的，第一个季度的披露时间不得早于上一年度的年度报告。

2. 临时报告

临时披露的主要内容：召开董事会、监事会、股东大会会议，须及时报送的重大事项，关联交易。

挂牌公司出现以下情形之一的，应当自事实发生之日两个转让日内披露：

控股股东或实际控制人发生变更；

控股股东、实际控制人或者其关联方占用资金；

法院裁定禁止有控制权的大股东转让其所持公司股份；

任一股东所持公司 5% 以上股份被质押、冻结、司法拍卖、托管、设定信托或者被依法限制表决权；

公司董事、监事、高级管理人员发生变动，董事长或者总经理无法履行职责；

公司减资、合并、分立、解散及申请破产的决定，或者依法进入破产程序、被责令关闭；

董事会就并购重组、股利分派、回购股份、定向发行股票或者其他证券融资方案、股权激励方案形成决议；

变更会计师事务所、会计政策、会计估计；

对外提供担保（挂牌公司对控股子公司担保除外）；

公司及其董事、监事、高级管理人员、公司控股股东、实际控制人在报告期内存在受有关机关调查、司法纪检部门采取强制措施、被移送司法机关或追究刑事责任、中国证监会稽查、中国证监会行政处罚、证券市场禁入、认定为不当人选，或收到对公司生产经营有重大影响的其他行政管理部门处罚；

因前期已披露的信息存在差错、未按规定披露或者虚假记载，被有关机构责令改正或者经董事会决议进行更正；

主办券商获全国股份转让系统公司认定的其他情形。

发生违规对外担保、控股股东或者关联方占用资金的公司至少应当每月发布一次提示性公告，披露违规对外担保或资金占用的解决进展情况。

信息披露的例外规定

凡是公司认为对投资者决定有重大影响的信息，不论制度是否有明确规定，公司均应主动披露；由于商业机密、国家机密等特殊原因导致某些信息不便披露的，可申请豁免披露。

主办券商持续督导

什么是主办券商持续督导

主办券商持续督导，是指主办券商遵循勤勉尽责、诚实守信的原则，对与之签订的《推荐挂牌并持续督导协议》的新三板挂牌公司的日常经营、持续经营，特别是公司治理和信息披露等方面进行专业规范、引导、督促，使之符合国家法律法规和监管部门的要求，同时便捷快速且自律地熟悉、遵循并适应新三板市场的运行规范，更好地与投资者互动和成长。

拟挂牌新三板的企业必须经主办券商推荐才可以挂牌，双方要签署《推荐挂牌并持续督导协议》。也就是说，企业从挂牌伊始，就建立了接受主办券商持续督导的关系。

主办券商的持续督导是终身督导制度。也就是说，只要挂牌企业还在新三板挂牌，就要接受主办券商持续性的督导。

主办券商持续督导的职责

主办券商应勤勉尽责、诚实守信地履行持续督导职责。

主办券商应建立健全督导工作制度，明确持续督导工作职责、工作流程和内控机制，并配备合格专业人员，勤勉审查挂牌企业拟披露的信息披露文件，对挂牌企业进行现场检查，发布风险警示公告等督导职责。

主办券商至少应配置两名具有财务或法律专业知识的专职督导人员，作为联络人履行督导职责。主办券商在任免专职督导人员时，应将相关人员名单简历及时报送全国股转系统备案。

主办券商，包括具体的督导人员，不得损害挂牌企业的合法利益，不得泄露挂牌企业尚未披露的信息或商业机密，更不得利用该信息为自己或他人谋取利益。

持续督导的主要内容

在企业挂牌期间，持续督导的要点：

指导和督促挂牌公司规范履行信息披露义务，对其信息披露文件进行事前检查；

指导和督促挂牌公司恪守诚实守信的披露原则，完善公司治理机制，提高规范运作水平；

对挂牌公司董事、监事、高级管理人员及其他信息披露义务人进行相应的培训，使他们熟悉相关知识和规则；

应督促和协助挂牌公司及时按照规则要求办理信息披露、股份转让、定向发行、限售登记及解除登记等事宜。

对挂牌公司信息披露和公司治理情况进行现场检查；

在发现挂牌公司存在不规范行为时，及时向全国股份转让系统报告，并视情况发布风险警示公告。

目前，新三板挂牌的企业良莠不齐，虽然也有大型企业，但大部分都还属于典型的中小企业。在这样的环境下，主办券商的持续督导具有非常重要的意义。主办券商通过持续督导，可以帮助挂牌企业尽快熟悉资本市场，为其持续发展奠定基础；还可以为挂牌企业提供融资、做市及并购重组等资本市场的服务，为中小企业在新三板的发展保驾护航。

解除持续督导

终身督导制度并不意味着挂牌企业不能和主办券商解除督导关系。如因特殊原因导致必须解除持续督导协议的，应当事前报告全国股份转让系统并说明合理理由。

解除持续督导协议后，挂牌企业应与承接督导事项的主办券商另行签订持续督导协议，并报全国股份转让系统备案并公告。

与主办券商解除持续督导协议后，未能在 3 个月内与其他主办券商签署持续督导协议的，全国股份转让系统将终止其股票挂牌。

并 购

新三板的并购活动非常活跃，仅 2014 年 10 月、11 月，就有欧比特收购铂亚信息、亚威股份收购无锡创科源、宝盛股份收购日新传导等多笔并购交易发生。新三板将成并购蓝海。为什么新三板的并购活动如此活跃呢？究其原因，主要包括以下几个方面。

新三板的定位

新三板市场的定位，就是致力于为中小微企业，特别是创新型、创业型高新技术企业，提供股权融资、债权融资及并购重组的公开市场。新三板挂牌条件宽松，中小企业数量多，对企业没有行业限制，存在着大量 A 股稀缺标的，这些都为并购提供了前提条件。

新三板挂牌企业规模虽然比较小，但同非挂牌企业相比，公司治理和经营规范还是会更好一些。随着挂牌企业的增多，一些已经具有一定规模的优质挂牌企业就会产生做大做强的意愿，就会出现并购的冲动。虽然有些企业规模不算大，但已经属于细分产业中的龙头企业，这样的企业也有并购和整合的冲动。还有一些企业，自身可能难以形成一个完整的产业，却有某方面的优势，往往会成为被并购的对象。

挂牌企业之间也有可能出现并购的意向。这都会给投行带来业务。

信息的公开透明

和私募股权投融资一样，信息的不对称、定价难也是并购中的关键问题。

信息披露是新三板坚持的核心原则。对于挂牌企业而言，无论是并购方还是被并购方，其信息披露都是规范的、公开透明的。也就是说，挂牌企业无论是作为收购方还是被收购方，其获取的信息都是对称的。

并购过程中的定价主要有两个：一个是股票定价，另一个是收购标的定价。凡是在新三板挂牌的企业，都可以利用资本市场的价值发现功能来充分挖掘自身价值。相应地，并购过程中的定价难题也可以得到解决。

估值洼地

目前，新三板挂牌企业的市盈率普遍在20倍左右。这个数字与国外资本市场相比，不算低，但与国内主板、中小板或创业板的近50倍左右的市盈率比较，还属于价值洼地。有盈利的空间，就会有逐利的投资者。相信无论是券商，还是PE/VC机构，都会有动力去开垦这块价值洼地。

而且，一些A股稀缺标的在A股市场很难找到可比较的企业。因此，这些企业的估值也普遍较低。相信随着采取做市交易公司的不断增加和未来竞价交易的推出，新三板整体估值水平会恢复。

企业挂牌只是一个开端，券商可以帮助企业做市，还可以给企业担任并购重组的顾问；风投机构可以推动企业并购；只有并购活跃起来，这些机构才会真正迎来属于自己的舞台。

政策面利好

2014 年 6 月 27 日，证监会发布了《非上市公众公司收购管理办法》和《非上市公众公司重大资产重组管理办法》。两则办法重点突出市场化约束和导向，进一步放松管制，减少了很多审批事项，也使得定价更趋市场化。其对新三板的监管主要集中在对信息披露的监管方面。

知识链接　**新三板挂牌企业并购重组的法律依据**

2014 年 6 月 27 日，证监会发布了《非上市公众公司收购管理办法》和《非上市公众公司重大资产重组管理办法》(分别简称《收购办法》和《重组办法》)。两办法突出市场化约束和导向，进一步放松管制，围绕简便、透明、高效和降低成本的价值趋向做了探索。

其主要要点总结如下：

简化了发行股份购买资产的重大资产重组程序，不设重组委，缩短审核期限；

充分发挥市场主体作用，允许交易各方自主协商定价；

丰富了重大资产重组支付手段，除了发行股份外，还可以使用优先股、可转换债券等方式；

减少申报文件，精炼信息披露内容；

简化申报文件，不强制要求提供评估报告和盈利预测及编制备考报告；

大幅简化权益变动的报告书类型，除控制权发生变更的要求须披露收购报告书之外，其他权益变动只须披露权益变动报告书。

另外，非上市公众公司不实施强制全面要约收购制度；对自愿要约价格、支付方式、履约保证能力进行适度放宽，给予收购人多种选择。

并购重组，对优化市场资源配置、推动产业结构调整、实现产业升级、促进实体经济发展，都具有非常重要的意义。

新三板也不是一个孤立的市场。并购可以存在于新三板企业之间，主板上市公司也可以把新三板挂牌企业作为自己的并购资源，新三板挂牌企业也可以借壳上市。新三板挂牌企业只有与资本市场的上下层级之间保持互联互通，才会孕育更大更多的并购机会。

目前，新三板市场刚刚起步，并购案例还没有大规模出现，但通过以上分析，我们可以肯定地指出：并购重组业务会随着新三板的成长而不断增加，未来的新三板必将会成为一片并购的蓝海。

大智慧拟并购湘财证券："互联网+券商"模式的新尝试

2014年1月24日，266家企业集体登陆新三板，吹响了新三板扩容的"集结号"。湘财证券（430399）就在这266家公司中，成为我国首家挂牌新三板的金融机构。

湘财证券可以称得上资深券商。1999年，湘财证券获得证监会批准，成为首家全国性综合类证券公司。公司从2010年开始了业务的全面转型,并筹划了资产管理业务。虽在2011年遭遇低谷，但在2012年即迅速回升，该年净利润高达699%。

湘财证券在受托资产管理业务和自营业务方面表现出色。值得一提的是，湘财证券的股东中包括新湖中宝、金瑞科技、华升股份等多家上市公司。

2011年1月28日，大智慧（601519）在上海证券交易所挂牌上市。大智慧是一家以互联网为平台，以软件终端为载体，向投资者提供及时、专业的金融数据和数据分析的高科技公司，是国内互联网金融信息行业的标杆企业。

自主板上市以来，大智慧加大了在大数据、云计算、无线互联及量化交易等方面的投入，已能稳定地向用户提供基于互联网时代大数据计算的有效服务。目前，公司已拥有亿级注册用户及2000万月活跃用户，具有庞大的互联网金融用户基础。

一家券商,一家互联网企业,看起来风马牛不相及的两家公司，在2015年发生了交集。2015年1月23日，湘财证券发布重大事项公告，宣布被大智慧全资收购。该案成为迄今为止新三板最大的并购案，对互联网企业嫁接券商给予了鲜活的注释。

大智慧并购预案，具体来讲，就是大智慧全资子公司财汇科技拟以2.98亿元现金购买新湖控股持有的湘财证券11190.4万股（占总股本3.5%）；大智慧拟以6.05元/股向新湖控股、国网英大、新湖中宝、山西和信、华升股份等16家股东发行13.56亿股A股，以及支付现金2.98亿元购买湘财证券100%的股权。

同时，为提高本次交易整合绩效，大智慧拟以不低于5.45

元/股向不超过10名其他特定投资者发行股份募集配套资金不超过27亿元，用于增加湘财证券资本金、补充营运资金。本次交易完成后，张长虹将持有上市公司28.78%的股份，仍为控股股东。

此并购预案一出即引爆市场，大智慧股价连续收出12个涨停板，股价也从6.58元/股一路飙升至35元/股。

交易完成后，大智慧将成为首家拥有证券全牌照的互联网企业。湘财证券的众多股东（其中包括很多上市公司）也将成为受益者。

案例分析：

1.“互联网+券商”的新模式

大智慧收购湘财证券，是第一家互联网嫁接券商标的案例。以前的互联网和券商之间的合作，大多通过业务合作的方式实现，简单嫁接互联网流量入口，业务合作深度不高。大智慧本次收购湘财证券，将成为第一家控股证券公司的互联网公司。本次交易可视为大智慧与湘财证券的深度战略合作，大智慧的互联网金融客户群、在大数据方面的积累和服务能力及互联网金融信息服务平台，将与湘财证券的传统券商业务进行结合，具备了“海量客户资源+雄厚资本金+深度嫁接互联网”三重优势，未来创新业务空间完全打开，极富想象空间。

2.如果收购成功，将会是双赢的结果

早在2009年，双方就在技术开发、资源共享等方面建立了长期合作的关系，结成了战略合作伙伴，如今的重组可以说是水到渠成。两家企业同处一地，同属民营控股企业，都期望抓住互联网金融这股潮流，都期望通过业务互补在互联网金融这一领域发力。

如果此次换股吸收合并交易顺利完成，湘财证券股份将全部转换为大智慧新增股份。并购将深入整合大智慧及湘财证券的业务资源，进一步增强公司的综合竞争实力，搭建真正以互联网为基础的业务平台，整合效应极其明显。未来各方可以在此平台上进一步整合拓展相关资源，分享互联网金融的巨大成长空间。

3. 本次并购将成为湘财证券进入主板的跳板

早在2013年年底，湘财证券完成股份制改造之时，就已经明显表露出在主板上市的意图。但其与财富证券洽谈吸收合并事宜没有成功，加之控股方新湖集团无意深耕湖南，湘财证券最终没有获得足够上市支持。2014年1月24日，湘财证券转而投奔新三板。在同日挂牌的266家公司中，湘财证券31.97亿股的股本总额是非常醒目的。

作为老牌券商，总让人有一种“下嫁”新三板的感觉。但是，湘财证券投奔新三板，或许只是将新三板作为踏入主板的跳板而已。2015年，被大智慧并购这一事件印证了这一点。大智慧借此作为其布局互联网金融的重要帮手。同时，本次交易完成后，大智慧新增发行的A股股票将申请在上交所上市，从另一方面成就了湘财证券进入主板上市的愿望。

4. 资产重组一直是A股市场的热门题材

作为A股投资者常用的炒股软件之一，加上重组券商的题材，大智慧年初以来被各路资金爆炒。证券行业2014年开始进入了并购整合大潮，包括方正证券合并民族证券，上海证券被国泰君安“收编”、申银万国吸收合并宏源证券、中纺投资重组安信证券。相信在互联网金融大潮之下，会有更多行业整合案例出现。

转 板

转板，是指公司在证券市场各层次之间转换的制度，既包括场内市场不同层次的转换，也包括场外市场不同层次的转换，还包括场内市场与场外市场之间的转换。

新三板允许挂牌公司根据自身情况的发展变化转换到其他层次的资本市场去，为场外交易市场的企业提供了进入场内交易市场的通道，增强了资本市场的弹性和流动性，同时也吸引了更多的公司和投资者。

目前，在我国新三板挂牌的公司可以申请到证券交易所上市，但是必须要符合上市的各项条件。也就是说，新三板挂牌公司转板进入场内交易，和企业正常进行 IPO，在程序上、具体标准上都是没有什么差别的。

新三板挂牌公司一定要转板么？

随着新三板市场的制度越来越健全、功能越来越完善，答案是：未必一定要转板。

为什么答案是不一定呢？难道主板市场不是更有吸引力吗？通过

以下简单对比，我们就可得出结论。

首先，简单列示一下主板市场的优势：

企业在主板市场进行 IPO，可以获得巨额资金；

场内交易市场还可以采用多种金融工具进行融资，比如定增、公司债等；

在场内交易市场，投资者的退出比较方便。

仅针对以上三点，我们分析一下新三板挂牌公司是否要转板：

首先，企业进行 IPO 的最直接目的就是获得更大的融资平台，募集到更多资金。企业在新三板同样也可以融到资金，而且转板并不附带公开发行环节，所以转板的吸引力会下降。

其次，随着新三板的不断发展和相关制度的不断完善，越来越多的场内交易的融资工具会被复制到新三板来使用，融资工具之间的差异会变得越来越小。

再次，新三板推出的做市商制度，加快了股份的流动性，摆脱了之前换手率过低的窘境。对于采取做市交易的企业，投资者参照做市商的报价，以较为公允的价格退出已经可以实现。

最后，新三板在定价和发行方面，比场内交易的机制更加灵活。这也降低了转板带来的利好。

综上所述，新三板挂牌公司是否要转板，更多取决于公司自己的选择。也就是说，转板并非挂牌公司的必由之路。

探索优先股等融资工具

从新三板扩容至今，新政策频出，大量融资工具涌入新三板，新三板成为各种创新融资工具的试验田。

目前，新三板可以运用的融资工具以定增、直投业务为主。未来，我们可以探索和发掘多种融资工具来丰富新三板，如优先股、可转债、私募债、集合债、股权质押回购等。

如果新三板未来实现了分层，我们还可以将股权质押贷款，甚至将公司债、中期股票、短期融资券等一般性融资工具在结合融资人自身特色后，联动银行、担保、证券、信托、基金、金融租赁、财务公司、资产管理公司甚至期权期货、保险等金融行业的运行机制，结合物联网、互联网金融等的发展，尝试在挂牌企业中运用和推广。

以下对近期可能实现的融资工具——优先股做一个简单探讨。

2013 年 11 月底，国务院发布了《国务院关于开展优先股试点的指导意见》（国发〔2013〕46 号），对优先股的发行条件、优先股股东的权利和义务、转让交易，以及组织管理和配套政策等做了界定。

2014 年 3 月 21 日，证监会发布了《优先股试点管理办法》（以下简称《管理办法》）。

《管理办法》明确规定："上市公司可以发行优先股，非上市公众公司可以非公开发行优先股。"

《管理办法》还规定了三类上市公司可以公开发行优先股。

关于非上市公众公司发行优先股的，规定了"公司非公开发行优先股仅向本办法规定的合格投资者发行，每次的发行对象不得超过 200 人，且相同条款优先股的发行对象累计不得超过 200 人。"

非上市公众公司发行优先股的基本要求

发行方式是非公开发行。

试点期间不允许发行在股息分配和剩余财产分配上具有不同优先顺序的优先股，但允许发行在其他条款上具有不同设置的优先股。

相同条款的优先股应当具有同等权利。同次发行的相同条款优先股，每股发行的条件、价格和票面股息应当相同；任何单位或者个人认购的股份，每股应当支付相同价格。

非上市公众公司发行优先股应遵守的准则

已发行的优先股不得超过公司普通股股份总数的 50%，且筹资金额不得超过发行前净资产的 50%，已回购、转换的优先股不纳入计算。

同一次发行的优先股，条款应当相同。每次优先股发行完毕前，不得再次发行优先股。

优先股每股票面金额为 100 元。优先股发行价格和票面股息率应当公允、合理，不得损害股东或其他利益相关方的合法利益，发行价格不得低于优先股票面金额。非公开发行优先股的票面股息率不得高于最近两个会计年度的年均加权平均净资产收益率。

不得发行可转换为普通股的优先股。但商业银行可根据商业银行资本监管规定，非公开发行触发事件发生时强制转换为普通股的优先股，并遵守有关规定。

优先股仅向本办法规定的合格投资者发行，每次发行对象不得超过 200 人，且相同条款优先股的发行对象不得超过 200 人。发行对象为境外战略投资者的，还应当符合国务院相关部门的规定。

发行优先股的申请、审核（豁免）、发行等相关程序应按照《非上市公众公司监督管理办法》等相关规定办理。

根据《管理办法》的规定，非上市公众公司非公开发行的优先股可在全国股份转让系统转让，转让范围仅限合格投资者。

优先股交易或转让的投资者适当性标准应当与发行环节保持一致。

非上市公众公司优先股能向哪些合格投资者发行

按照证监会《管理办法》规定，合格投资者包括以下几种情况。

经有关金融监管部门批准设立的金融机构，包括商业银行、证券公司、基金管理公司、信托公司和保险公司等。

上述金融机构面向投资者发行的理财产品，包括但不限于银行理财产品、信托产品、投连险产品、基金产品、证券公司资产管理产品等。

实收资本或实收资本总额不低于人民币 500 万元的企业法人。

实缴出资总额不低于人民币 500 万元的合伙企业。

合格境外机构投资者（QFII），人民币合格境外机构投资者（RQFII），符合国务院相关部门规定的境外战略投资者。

除发行人董事、高级管理人员及其配偶以外，名下各类证券账户、资金账户、资产管理账户的资产总额不低于人民币500万元的个人投资者。

经中国证监会认可的其他合格投资者。

优先股对债券和股票市场有什么影响

发行优先股，有助于减轻一些大型公司，尤其是银行股的再融资压力，对股市有一定的好处。

发行优先股，有助于推进股市对价值投资的引导。其影响主要体现在以下三个方面：

第一，上市公司控股股东拥有大量只能拿红利的优先股，将迫使大股东分红和送转股，提高了上市公司对投资者的回报。

第二，优先股只能在交易所系统集中交易，从而消除了市场对大小非减持的恐惧，有利于股价稳定。

第三，优先股的推出有利于规模性引入机构投资者，改善公司治理，保护投资者利益。

另外，优先股相对于收益率较低的利率品和高等级信用债券也具有相当强的比价效应。所以，优先股的试行，会利空次级债、高等级信用和利率债。

一般来说，长期资金，如保险、养老金等，比较偏好商业银行次级债，优先股的存在为这些长期资金提供了一条很好的备选之路。还有一些需要补充核心资产或净资产收益率、负债比率比较高的行业，比如商业银行、公用事业、电力和房地产等行业，也都会青睐优先股。

摘 牌

终止挂牌公司股票挂牌

挂牌公司依法不再具备挂牌条件的，全国股份转让系统终止其股票挂牌转让，予以摘牌。

挂牌公司出现以下情形之一时，全国股份转让系统终止公司股票挂牌：

中国证监会核准其公开发行股票并在证券交易所上市，或证券交易所同意其股票上市；

终止挂牌申请获得全国股份转让系统公司同意；

未在规定期限内披露年报或者半年报的，自期满之日起两个月内仍未披露年度报告或半年度报告的；

主办券商与挂牌公司解除持续督导协议，挂牌公司未能在股票暂停转让之日起三个月内与其他主办券商签署持续督导协议的；

挂牌公司经清算组或管理人清算并注销公司登记的；

全国股份转让系统规定的其他条件。

全国股份转让系统还可以对出现异常转让情况的股票，采取盘中临时停止转让措施并予以公告。

重新挂牌

在导致公司终止挂牌的情形消除后，经公司申请、主办券商推荐及全国股份转让系统同意后，公司可以重新挂牌。

2014 年以来，新三板出现多家摘牌公司，原因各异。除了安控科技实现转板、极品无限主动摘牌，大部分公司摘牌的原因是并购整合或战略调整，比如瑞翼信息、金豪制药、屹通信息、福格森、阿姆斯、捷虹股份、泽天盛海、奥新科技等。

极品无限：主动摘牌的挂牌企业

2011 年 12 月 1 日，北京极品无限科技发展有限责任公司以 2011 年 11 月 30 日为基准日，整体变更为股份有限公司。

2012 年 6 月 28 日，极品无限（430129）在中关村代办股份转让系统（新三板前身）挂牌。该公司主营业务为手机终端单机游戏、手机终端网络游戏的研发与运营。

2014 年 11 月 12 日，极品无限主动申请终止在新三板挂牌。公司公告称摘牌原因是为了抓住手机游戏行业快速发展的机遇、提高公司决策效率和经营效率而变更为有限责任公司。

这是新三板第一家主动摘牌并还原为有限责任公司的企业。

瑞翼信息：因并购摘牌的挂牌企业

瑞翼信息（430531），全称为苏州瑞翼信息技术股份有限公司，是一家从事移动互联网业务的高新技术企业，主要为中小企业提供移动互联网营销解决方案及系统开发服务。2014 年 1 月，瑞翼信息挂牌新三板。

2014 年 5 月 20 日，停牌近两个月的通鼎光电（002491）公布了《发行股份购买资产预案》，拟通过发行股份购买资产方式控股瑞翼信息，欲借此切入移动互联网行业。通鼎光电全称江苏通鼎光电股份有限公司，是通鼎集团旗下的核心公司，是一家专业从事光纤、通信电缆、通信光缆、信号电缆等产品的研发、生产、销售和工程服务的高新技术企业。

2014 年 5 月 26 日，仅仅挂牌四个月后，瑞翼信息就终止了在新三板的挂牌。

由此可见，瑞翼信息终止挂牌是因为与通鼎光电达成了并购整合意向。通鼎光电想要快速进军互联网行业，瑞翼信息则为了扩大在移动互联网产品领域的竞争优势。因为瑞翼信息存在董事、监事、高级管理人员的限售问题，所以需要从新三板摘牌变更为有限责任公司后，才能完成此次并购整合。交易完成后，瑞翼信息成为通鼎光电的控股子公司。

新冠亿碳：因并购被摘牌的挂牌企业

2014 年 8 月 22 日，新冠亿碳（430275）被全国股份转让系统终止股票挂牌。该公司是一家再生能源公司，于 2013 年 7 月

29日挂牌新三板。从挂牌到终止还不足一年时间。

2014年4月25日，新冠亿碳发布公告称，拟将旗下两家全资子公司100%的股权出售给深市上市公司东江环保。

东江环保(SZ002672,HK00895)是一家专业从事废物资源化与无害处理的综合性环保企业，以7100万元人民币收购了新冠亿碳旗下两家全资子公司（即南昌新冠能源开发有限公司和合肥新冠能源开发有限公司）100%的股权。收购完成后，东江环保将成为这两家公司的全资控股方。从新冠亿碳的控股股东——新冠投资集团角度讲，向东江环保出售两家子公司100%的股权，实际上相当于套现，两项核心资产因置入东江环保而实现证券化。

由于新冠亿碳将两家全资子公司全部出售，失去了主营业务与持续经营能力，所以新冠亿碳申请终止在新三板挂牌。

ST羊业：被移除的挂牌企业

ST羊业（430013）于2007年3月在原代办股份转让系统挂牌。2008年12月，公司法定代表人因虚报注册资本被判刑。随后，公司生产经营全面停止，资金链断裂，员工全部遣散。因为一直未能恢复正常运营，ST羊业连续7年不能披露年报。

2014年5月19日，也就是新三板新交易平台上线之际，全国股转系统将ST羊业从新三板做移除处理。

移除还不同于摘牌。由于ST羊业没有申请公司股票在全国股份转让系统公开转让、纳入非上市公众公司监管，因此对其做移除处理。

附录一

我国中小企业划型标准

2011 年 6 月 18 日，工业和信息化部、国家统计局、国家发展和改革委员会、财政部联合发布《中小企业划型标准规定》。该规定将中小企业划分为中型、小型、微型三种类型。至于企业的具体归属，要根据企业的从业人员、营业收入、资产总额等指标，结合行业特点来确定。

本规定适用的行业包括：农、林、牧、渔业，工业（包括采矿业，制造业，电力、热力、燃气及水生产和供应业），建筑业，批发业，零售业，交通运输业（不含铁路运输业），仓储业，邮政业，住宿业，餐饮业，信息传输业（包括电信、互联网和相关服务），软件和信息技术服务业，房地产开发经营，物业管理，租赁和商务服务业，其他未列明行业（包括科学研究和技术服务业，水利，环境和公共设施管理业，居民服务、修理和其他服务业，社会工作，文化、体育和娱乐业等）。

各行业划型标准如表 7-1 所示。

表 7-1 我国中小企业划型标准

行业	类型	从业人员（人）	营业收入（万元）	资产总额（万元）	备注
农、林、牧、渔业	中型		500 ～ 20000		
	小型		50 ～ 500		
	微型		0 ～ 50		
工业	中型	300 ～ 1000	2000 ～ 40000		**
	小型	20 ～ 300	300 ～ 2000		**
	微型	20 以下	0 ～ 300		*
建筑业	中型		6000 ～ 80000	5000 ～ 80000	**
	小型		300 ～ 6000	300 ～ 5000	**
	微型		0 ～ 300	0 ～ 300	*
批发业	中型	20 ～ 200	5000 ～ 40000		**
	小型	5 ～ 20	1000 ～ 5000		**
	微型	5 以下	0 ～ 1000		*
零售业	中型	50 ～ 300	500 ～ 20000		**
	小型	10 ～ 50	100 ～ 500		**
	微型	10 以下	0 ～ 100		*
交通运输业	中型	300 ～ 1000	3000 ～ 10000		**
	小型	20 ～ 300	200 ～ 3000		**
	微型	20 以下	0 ～ 200		*
仓储业	中型	100 ～ 200	1000 ～ 30000		**
	小型	20 ～ 100	100 ～ 1000		**
	微型	20 以下	0 ～ 100		*
邮政业	中型	300 ～ 1000	2000 ～ 30000		**
	小型	20 ～ 300	100 ～ 2000		**
	微型	20 以下	0 ～ 100		*

（续表）

行业	类型	从业人员（人）	营业收入（万元）	资产总额（万元）	备注
住宿业	中型	100 ～ 300	2000 ～ 10000		* *
	小型	10 ～ 100	100 ～ 2000		* *
	微型	10 以下	0 ～ 100		*
餐饮业	中型	100 ～ 300	2000 ～ 10000		* *
	小型	10 ～ 100	100 ～ 2000		* *
	微型	10 以下	0 ～ 100		*
信息传输业	中型	100 ～ 2000	1000 ～ 100000		* *
	小型	10 ～ 100	100 ～ 1000		* *
	微型	10 以下	0 ～ 100		*
软件和信息技术服务业	中型	100 ～ 300	1000 ～ 10000		* *
	小型	10 ～ 300	50 ～ 1000		* *
	微型	10 以下	0 ～ 50		*
房地产开发经营	中型		1000 ～ 200000	5000 ～ 10000	*
	小型		100 ～ 1000	2000 ～ 5000	* *
	微型		0 ～ 100	0 ～ 2000	*
物业管理	中型	300 ～ 1000	1000 ～ 5000		* *
	小型	100 ～ 300	500 ～ 1000		* *
	微型	100 以下	0 ～ 500		*
租赁和商务服务业	中型	100 ～ 300		8000 ～ 120000	* *
	小型	10 ～ 100		100 ～ 8000	* *
	微型	10 以下		0 ～ 100	*

注：1. 以上数字区间均为含下限，不含上限。

2.** 为“须同时满足两项指标下限”，* 为“须满足任一指标”。

新三板规范汇总

（一）综合类

1.《国务院关于全国中小企业股份转让系统有关问题的决定》（国发〔2013〕49号）

该决定按照党的十八大、十八届三中全会关于多层次资本市场发展的精神和国务院第三次常务会议的要求，就全国中小企业股份转让系统（以下简称“全国股份转让系统”）的主要问题做了全面规范。

主要包括以下几个方面：

第一，充分发挥全国股份转让系统服务中小微企业发展的功能；

第二，建立不同层次市场间的有机联系；

第三，简化行政许可程序；

第四，建立和完善投资者适当性管理制度；

第五，加强事中、事后监管，保障投资者合法权益；

第六，加强协调配合，为挂牌公司健康发展创造良好环境。

2.《全国中小企业股份转让系统有限责任公司管理暂行办法》

该暂行办法由中国证监会于 2013 年 1 月 31 日公布，规范了全国中小企业股份转让系统有限责任公司（以下简称“全国股份转让系统公司”）的管理职能、组织机构、自律监管及监督管理。

3.《非上市公众公司监督管理办法》

该办法 2012 年 9 月 28 日由中国证监会第 7 次主席办公会议审议通过，自 2013 年 1 月 1 日起实施，根据 2013 年 12 月 26 日中国证监会《关于修改<非上市公众公司监督管理办法>的决定》修订。

该办法主要用于规范非上市公众公司股票转让和发行行为，主要涵盖非上市公众公司的公司治理、信息披露、股票转让、定向发行、监督管理和法律责任等诸多方面。

4.《全国中小企业股份转让系统业务规则（试行）》

为了规范全国股份转让系统的运行，维护正常的市场秩序，保护投资者的合法权益，根据上述三项规范，全国股份转让系统公司制定了本规则，经中国证监会批准后，自发布之日起实施。该业务规则在 2013 年 2 月 8 日发布，并在 2013 年 12 月 30 日修订。

该业务规则对在全国股份转让系统挂牌的股票等证券做了详细规范，具体包括股票挂牌、股票转让、挂牌公司、主办券商等几大方面。同时，该业务规则也对该系统的监管措施和违规处分做了规范。

以上《非上市公众公司监督管理办法》和《全国中小企业股份转让系统业务规则（试行）》两个规范都是属于需要仔细研读的规则。

（二）业务类

1．针对挂牌业务的

《全国中小企业股份转让系统股票挂牌条件适用基本标准指引（试行）》；

《全国中小企业股份转让系统公开转让说明书内容与格式指引（试行）》；

《全国中小企业股份转让系统挂牌申请文件内容与格式指引（试行）》。

2．针对股票发行的

《全国中小企业股份转让系统股票发行业务细则（试行）》；

《全国中小企业股份转让系统股票发行业务指南》。

3．针对挂牌公司信息披露的

《全国中小企业股份转让系统挂牌公司信息披露细则（试行）》；

《全国中小企业股份转让系统挂牌公司年度报告内容与格式指引（试行）》；

《全国中小企业股份转让系统挂牌公司半年度报告内容与格式指引（试行）》；

《全国中小企业股份转让系统挂牌公司持续信息披露业务指南（试行）》等。

4．针对挂牌公司股票转让的

《全国中小企业股份转让系统股票转让细则（试行）》；

《全国中小企业股份转让系统挂牌公司暂停与恢复转让业务指南（试行）》等。

5．针对投资者的

《全国中小企业股份转让系统投资者适当性管理细则（试行）》。

6．针对主办券商的

《全国中小企业股份转让系统主办券商管理细则（试行）》。

7．针对挂牌公司收费的

《关于收取挂牌公司挂牌年费的通知》。